Plantaardig Eiwit Gehemelte: Tempeh en Seitan kookboek

Breng uw maaltijden naar een hoger niveau met gezonde en smaakvolle, op planten gebaseerde lekkernijen

Mohammed Post

© Copyright 2023 - Alle rechten voorbehouden.

Het volgende Boek is hieronder weergegeven met als doel zo nauwkeurig en betrouwbaar mogelijke informatie te verstrekken. Hoe dan ook, de aanschaf van dit Boek kan worden gezien als toestemming voor het feit dat zowel de uitgever als de auteur van dit Boek op geen enkele wijze experts zijn op het gebied van de onderwerpen die hierin worden besproken en dat alle aanbevelingen of suggesties die hierin worden gedaan alleen voor amusementsdoeleinden zijn bedoeld. Professionals moeten indien nodig worden geraadpleegd voordat een van de acties wordt ondernomen die hierin worden onderschreven.

Deze verklaring wordt door zowel de American Bar Association als de Committee of Publishers Association eerlijk en geldig geacht en is wettelijk bindend in de Verenigde Staten.

Bovendien wordt de verzending, duplicatie of reproductie van een van de volgende werken, inclusief specifieke informatie, beschouwd als een illegale handeling, ongeacht of dit elektronisch of in gedrukte vorm gebeurt. Dit strekt zich uit tot het maken van een secundaire of tertiaire kopie van het werk of een opgenomen kopie en is alleen toegestaan met uitdrukkelijke schriftelijke toestemming van de uitgever. Alle aanvullende rechten voorbehouden.

De informatie op de volgende pagina's wordt algemeen beschouwd als een waarheidsgetrouwe en nauwkeurige weergave van feiten en als zodanig zal elke onoplettendheid, gebruik of misbruik van de informatie in kwestie door de lezer alle resulterende acties uitsluitend onder hun bevoegdheid brengen. Er zijn geen scenario's waarin de uitgever of de oorspronkelijke auteur van dit werk op enigerlei wijze aansprakelijk kan worden gesteld voor ontberingen of schade die hen kunnen overkomen na het uitvoeren van de hierin beschreven informatie.

Bovendien is de informatie op de volgende pagina's alleen bedoeld voor informatieve doeleinden en moet daarom als universeel worden beschouwd. Zoals het zijn aard betaamt, wordt het gepresenteerd zonder zekerheid over de verlengde geldigheid of tussentijdse kwaliteit. Handelsmerken die vermeld worden, gebeuren zonder schriftelijke toestemming en kunnen op geen enkele manier worden beschouwd als een goedkeuring van de merkhouder.

Samenvatting

INVOERING..**7**

1. TAHOE MET OESTERSAUS..9
2. GEFRITUURDE TOFU..11
3. GEFERMENTEERDE TAHOE MET SPINAZIE..............................13
4. GESTOOFDE TOFU..15
5. CHINESE NOEDELS IN PINDA-SESAMSAUS............................17
6. MANDARIJN NOEDELS...20
7. TAHOE MET BONENSAUS EN NOEDELS..................................23
8. TOFU GEVULD MET GARNALEN...26
9. TAHOE MET SZECHWAN-GROENTE...29
10. GESTOOFDE TOFU MET DRIE GROENTEN............................31
11. MET VARKENSVLEES GEVULDE TOFU DRIEHOEKEN...........33
12. CRANBERRY PANNENKOEKEN MET SIROOP.......................35
13. SOJA GEGLAZUURDE TOFU..38
15. KROKANTE TOFU MET SISSENDE KAPPERTJESSAUS........42
16. OP HET LAND GEBAKKEN TOFU MET GOUDEN JUS...........44
17. ORANJE GEGLAZUURDE TOFU EN ASPERGES....................47
18. TOFU PIZZAIOLA..49
19. "KA-POW" TOFU...51
20. TOFU IN SICILIAANSE STIJL...54
21. THAI-PHOON ROERBAK..56
22. MET CHIPOTLE GESCHILDERDE GEBAKKEN TOFU............59
23. GEGRILDE TOFU MET TAMARINDEGLAZUUR......................61
24. TOFU GEVULD MET WATERKERS..64

25. TOFU MET PISTACHE-GRANAATAPPEL...67
26. SPICE ISLAND-TOFU...69
27. GEMBER TOFU MET CITRUS-HOISIN SAUS...72
28. TOFU MET CITROENGRAS EN PEULTJES..75
29. DUBBELE SESAM TOFU MET TAHINI SAUS..77
30. TOFU EN EDAMAME STOOFPOT..79
31. SOJA-TAN DROOMKOTELETTEN..82
32. MIJN SOORT GEHAKTBROOD..84
33. ZEER VANILLE WENTELTEEFJES...86
34. SESAM-SOJA ONTBIJTPASTA...88
35. RADIATOREN MET AURORASAUS...90
36. KLASSIEKE TOFU-LASAGNE...93
37. LASAGNE MET RODE SNIJBIET EN SPINAZIE......................................96
38. GEROOSTERDE GROENTE LASAGNE..99
40. LASAGNE PRIMAVERA..105
41. LASAGNE MET ZWARTE BONEN EN POMPOEN................................108
42. MET SNIJBIET GEVULDE MANICOTTI...111
44. LASAGNE PINWHEELS..117
45. POMPOENRAVIOLI MET ERWTEN..120
46. ARTISJOK-WALNOOTRAVIOLI..123
47. TORTELLINI MET SINAASAPPELSAUS...126
48. GROENTE LO MEIN MET TOFU...129
49. PADTHAI...132
50. DRONKEN SPAGHETTI MET TOFU...135

TEMP..138

51. SPAGHETTI IN CARBONARA-STIJL...139
51. TEMPEH EN GROENTE ROERBAK..142
52. TERIYAKI TEMPEH..145
53. GEROOSTERDE TEMPEH...147
54. SINAASAPPEL-BOURBON TEMPEH..150

55. Tempeh en zoete aardappelen 153
56. Creoolse Tempeh 156
57. Tempeh Met Citroen En Kappertjes 159
58. Tempeh met esdoorn en balsamico glazuur 162
59. Verleidelijke Tempeh Chili 164
60. Tempeh Cacciatore 167
61. Indonesische Tempeh In Kokosjus 169
62. Gember-Pinda Tempeh 171
63. Tempeh Met Aardappelen En Kool 173
64. Zuidelijke Succotash-stoofpot 176
65. Gebakken Jambalaya-braadpan 179
66. Tempeh en zoete aardappeltaart 182
67. Aubergine en Tempeh Gevulde Pasta 185
68. Singaporenoedels met Tempeh 188
69. Tempeh Bacon 191
70. Spaghetti en T-ballen 193
71. Paglia E Fieno met erwten 196

ZIT AAN 198

72. Basis gestoofde seitan 199
73. Gevulde Gebakken Seitan Roa st 202
74. Seitan Stoofvlees 205
75. Thanksgiving-diner met bijna één gerecht 208
76. Seitan Milanese met Panko en Citroen 211
77. Seitan met sesamkorst 213
78. Seitan met artisjokken en olijven 215
79. Seitan Met Ancho-Chipotlesaus 217
80. Seitan Piccata 219
81. Seitan met drie zaden 221
82. Fajita's zonder Grenzen 223
83. Seitan met groene appelsaus 225

84. Seitan en Broccoli-Shiitake Roerbak..................................227
85. Brochettes van seitan met perziken..................................230
86. Gegrilde Seitan en Groente Kabobs..................................233
87. Seitan En Croute..................................236
88. Seitan en aardappeltorta..................................239
89. Rustieke Cottage Pie..................................242
90. Seitan met spinazie en tomaten..................................245
91. Seitan en Gegratineerde Aardappelen..................................247
92. Koreaanse noedel roerbak..................................250
93. Jerk-gekruide rode bonen chili..................................253
94. Autumn Medley-stoofpot..................................256
95. Italiaanse rijst met seitan..................................259
96. Hasj met twee aardappelen..................................261
97. Enchiladas van Seitan met zure room..................................263
98. Veganistisch gevuld seitangebraad..................................267
100. Cubaanse seitansandwich..................................270

CONCLUSIE..................................273

INVOERING

Welkom bij "Plantaardig Eiwit Gehemelte: Tempeh en Seitan kookboek." Deze culinaire reis viert de wonderen van plantaardige eiwitten, met de nadruk op twee heerlijke en veelzijdige ingrediënten: tempeh en seitan. Of je nu een doorgewinterde veganist bent of gewoon meer plantaardige opties in je dieet wilt opnemen, dit kookboek biedt een breed scala aan recepten die je smaakpapillen tevreden zullen stellen en je lichaam zullen voeden. Tempeh en seitan zijn uitstekende eiwitbronnen, die essentiële voedingsstoffen leveren en tegelijkertijd unieke texturen en smaken bieden die elk gerecht naar een hoger niveau tillen. Tempeh, gemaakt van gefermenteerde sojabonen, heeft een nootachtige smaak en een stevige textuur, terwijl seitan, afgeleid van tarwegluten, een stevige en vleesachtige consistentie biedt. Beide ingrediënten zijn ongelooflijk veelzijdig, waardoor je verschillende culinaire mogelijkheden kunt verkennen en overheerlijke gerechten kunt maken voor ontbijt, lunch, diner en alles daartussenin.

In "Plantaardig Eiwit Gehemelte" duiken we in de wereld van tempeh en seitan, waarbij we hun potentieel ontsluiten om te schitteren in een breed scala aan recepten. Van geruststellende stoofschotels en roerbakgerechten tot smaakvolle marinades en hartige grillgerechten, deze lekkernijen op basis van planten zullen zeker nietjes in je keuken worden.

Dus laten we beginnen aan dit smaakvolle avontuur, waarin we de kracht van plantaardige eiwitten en de geneugten van bewust en liefdevol koken vieren!

1. **Tahoe Met Oestersaus**

- 8 ons tahoe
- 4 ons verse champignons 6 groene uien
- 3 stengels bleekselderij
- rode of groene peper
- eetlepels plantaardige olie 1/2 kopje water
- eetlepel maïzena
- eetlepels oestersaus 4 theelepels droge sherry
- 4 theelepels sojasaus

Snijd de tahoe in blokjes van 1/2 inch. Champignons schoonmaken en in plakjes snijden. Snijd uien in stukken van 1 inch. Snijd de bleekselderij in plakjes van 1/2 inch diagonaal. Zaadjes uit peper verwijderen en peper in blokjes van 1/2 cm snijden.

Verhit 1 eetlepel olie in een wok op hoog vuur. Kook tahoe in de olie, al roerend zachtjes, tot lichtbruin, 3 minuten. Haal uit de pan.

Verhit de resterende 1 eetlepel olie in de wok op hoog vuur. Champignons, uien, selderij en peper toevoegen, 1 minuut roerbakken.

Doe de tahoe terug in de wok. Gooi lichtjes om te combineren. Meng water, maïzena, oestersaus, sherry en sojasaus. Giet het mengsel in de wok. Eend koken roer tot de vloeistof kookt. Kook en roer 1 minuut langer.

2. Gefrituurde Tofu

- 1 blok stevige tofu
- ¼ kopje maizena
- 4-5 kopjes olie om te frituren

Giet de tofu af en snij in blokjes. Bestrijk met de maïzena.

Voeg olie toe aan een voorverwarmde wok en verwarm tot 350 ° F. Als de olie heet is, voeg je de tofu-vierkanten toe en frituur je ze tot ze goudbruin zijn. Laat uitlekken op keukenpapier.

Levert 2¾ kopjes op
Deze smakelijke en voedzame shake is een ideaal ontbijt of middagsnack. Voeg seizoensbessen toe voor extra smaak.

3. Gefermenteerde Tahoe Met Spinazie

- 5 kopjes spinazieblaadjes
- 4 blokjes gefermenteerde tahoe met chilipepers
- Een snufje vijfkruidenpoeder (minder dan ⅛ een theelepel)
- 2 eetlepels olie om te roerbakken
- 2 teentjes knoflook, gehakt

Blancheer de spinazie door de blaadjes kort in kokend water te dompelen. Giet grondig af.

Pureer de gefermenteerde tofublokjes en meng het vijfkruidenpoeder erdoor.

Voeg olie toe aan een voorverwarmde wok of koekenpan. Als de olie heet is, voeg je de knoflook toe en roerbak je deze kort totdat deze aromatisch is. Voeg de spinazie toe en roerbak 1-2 minuten. Voeg in het midden van de wok de gepureerde tahoe toe en meng met de spinazie. Doorkoken en warm serveren.

4. Gestoofde Tofu

- 1 pond rundvlees
- 4 gedroogde paddenstoelen
- 8 ons geperste tofu
- 1 kopje lichte sojasaus
- ¼ kopje donkere sojasaus
- ¼ kopje Chinese rijstwijn of droge sherry
- 2 eetlepels olie om te roerbakken
- 2 plakjes gember
- 2 teentjes knoflook, gehakt
- 2 kopjes water
- 1 steranijs

Snijd het rundvlees in dunne plakjes. Week de gedroogde paddenstoelen minimaal 20 minuten in heet water om ze zacht te laten worden. Knijp zachtjes om overtollig water te verwijderen en snijd in plakjes.
Snijd de tofu in blokjes van ½ cm. Combineer de lichte sojasaus, donkere sojasaus, Konjac rijstwijn, wit en bruin en zet opzij.
Voeg olie toe aan een voorverwarmde wok of koekenpan. Voeg als de olie heet is de gemberschijfjes en knoflook toe en roerbak kort totdat het geurt. Voeg het rundvlees toe en bak tot het bruin is. Voeg voordat het rundvlees gaar is de tofublokjes toe en bak kort mee.
Voeg de saus en 2 kopjes water toe. Voeg de steranijs toe. Breng aan de kook, zet dan het vuur laag en laat sudderen. Voeg na 1 uur de gedroogde paddenstoelen toe. Laat nog 30 minuten sudderen, of tot de vloeistof is verminderd. Verwijder eventueel de steranijs voor het opdienen.

5. Chinese Noedels in Pinda-Sesamsaus

- 1 lb. Noedels in Chinese stijl
- 2 eetlepels. donkere sesamolie

DRESSING:
- 6 el. pindakaas 1/4 kopje water
- 3 el. lichte sojasaus 6 eetl. donkere sojasaus
- 6 el. tahini (sesampasta)
- 1/2 kopje donkere sesamolie 2 eetl. sherry
- 4 theelepels. Rijstwijnazijn 1/4 kopje honing
- 4 middelgrote teentjes knoflook, fijngehakt
- 2 theelepels. gehakte verse gember
- 2-3 eetl. hete peperolie (of hoeveelheid naar eigen smaak) 1/2 kopje heet water

Combineer hete rode pepervlokken en olie in een pan op middelhoog vuur. Breng aan de kook en zet het vuur onmiddellijk uit. Enigszins koel. Zeef in een kleine glazen container die kan worden afgesloten. Koelen.

GARNEER:
- 1 wortel, geschild
- 1/2 stevige middelgrote komkommer, geschild, ontpit en julienned 1/2 kopje geroosterde pinda's, grof gehakt
- 2 groene uien, in dunne plakjes gesneden

Kook de noedels in een grote pan met kokend water op middelhoog vuur. Kook tot het nauwelijks mals en nog steeds stevig is. Giet onmiddellijk af en spoel af met koud water tot het koud is. Laat goed uitlekken en meng de noedels met (2 eetlepels) donkere sesamolie zodat ze niet aan elkaar plakken.

VOOR HET DRESSEN: combineer alle ingrediënten behalve heet water in een blender en mix tot een gladde massa. Verdun met heet water tot de dikte van slagroom.

Schil voor de garnering het vruchtvlees van de wortel in korte schilfers van ongeveer 10 cm lang. Plaats in ijswater gedurende 30 minuten om te krullen. Gooi de noedels vlak voor het opdienen met de saus. Garneer met komkommer, pinda's, groene ui en wortelkrullen. Serveer koud of op kamertemperatuur.

6. Mandarijn Noedels

- gedroogde Chinese champignons
- 1/2 pond verse Chinese noedels 1/4 kop arachideolie
- eetlepel hoisinsaus 1 eetlepel bonensaus
- eetlepels Rijstwijn of droge sherry 3 eetlepels lichte sojasaus
- of honing
- 1/2 kopje gereserveerde paddenstoelenweekvloeistof 1 theelepel chilipasta
- 1 eetlepel maizena
- 1/2 rode paprika - in blokjes van 1/2 inch
- 1/2 8 ounce kan hele bamboescheuten, gesneden in 1/2 in blokjes gespoeld en uitgelekt 2 kopjes taugé
- lente-uitjes - dun gesneden

Week de Chinese champignons in 1 1/4 kopjes heet water gedurende 30 minuten. Breng terwijl ze weken 4 liter water aan de kook en kook de noedels 3 minuten. Giet af en meng met 1 eetlepel arachideolie; opzij zetten.

Verwijder de champignons; zeef en bewaar 1/2 kopje weekvloeistof voor de saus. Stap en gooi de champignonstengels weg; hak de hoedjes grof en zet opzij.

Combineer de ingrediënten voor de saus in een kleine kom; opzij zetten. Los de maïzena op in 2 eetlepels koud water; opzij zetten.

Zet de wok op middelhoog vuur. Voeg als het begint te roken de resterende 3 eetlepels arachideolie toe, daarna de champignons, rode paprika, bamboescheuten en taugé. Roerbak 2 minuten.

Roer de saus en voeg deze toe aan de wok en blijf roerbakken tot het mengsel begint te koken, ongeveer 30 seconden.

Meng de opgeloste maïzena en voeg dit toe aan de wok. Blijf roeren tot de saus dikker wordt, ongeveer 1 minuut. Voeg de noedels toe en roer tot ze goed verwarmd zijn, ongeveer 2 minuten.

Leg op een serveerschaal en bestrooi met de gesneden lente-ui. Serveer onmiddellijk

7. Tahoe Met Bonensaus En Noedels

- 8 ons verse noedels in Peking-stijl
- 1 12-ounce blok stevige tofu
- 3 grote stelen paksoi EN 2 groene uien
- ⅓ kopje donkere sojasaus
- 2 eetlepels zwarte bonensaus
- 2 theelepels Chinese rijstwijn of droge sherry
- 2 theelepels zwarte rijstazijn
- ¼ theelepel zout
- ¼ theelepel chilipasta met knoflook
- 1 theelepel Hot Chili Oil (pagina 23)
- ¼ theelepel sesamolie
- ½ kopje water
- 2 eetlepels olie om te roerbakken
- 2 plakjes gember, fijngehakt
- 2 teentjes knoflook, gehakt
- ¼ van een rode ui, gesnipperd

Kook de noedels in kokend water tot ze gaar zijn. Giet grondig af. Giet de tofu af en snij in blokjes. Kook de paksoi voor door kort in kokend water te dompelen en goed uit te laten lekken. Scheid de stelen en bladeren. Snijd de groene uien diagonaal in plakjes van 2,5 cm. Vermeng de donkere sojasaus, zwarte bonensaus, Konjac rijstwijn, zwarte rijstazijn, zout, chilipasta met knoflook, Hot Chili Oil, sesamolie en water. Opzij zetten.

Voeg olie toe aan een voorverwarmde wok of koekenpan. Voeg als de olie heet is de gember, knoflook en groene uien toe. Roerbak kort tot aromatisch. Voeg de rode ui toe en roerbak even mee.

Duw naar de zijkanten en voeg de paksoistelen toe. Voeg de blaadjes toe en roerbak tot de paksoi heldergroen is en de ui zacht. Breng indien gewenst op smaak met ¼ theelepel zout

Voeg de saus in het midden van de wok toe en breng aan de kook. Voeg de tofu toe. Laat een paar minuten sudderen zodat de tofu de saus kan opnemen. Voeg de noedels toe. Meng alles erdoor en dien heet op.

8. Tofu Gevuld Met Garnalen

- ½ pond stevige tofu
- 2 ons gekookte garnalen, gepeld en ontdarmd
- ⅛ theelepel zout
- Peper twee sleutels
- ¼ theelepel maizena
- ½ kopje kippenbouillon
- ½ theelepel Chinese rijstwijn of droge sherry
- ¼ kopje water
- 2 eetlepels oestersaus
- 2 eetlepels olie om te roerbakken
- 1 groene ui, in stukjes van 1 inch gesneden

Giet de tofu af. Was de garnalen en dep droog met keukenpapier. Marineer de garnalen in zout, peper en maizena gedurende 15 minuten.

Houd het hakmes evenwijdig aan de snijplank en snijd de tofu in de lengte doormidden. Snijd elke helft in 2 driehoeken en snijd vervolgens elke driehoek in nog 2 driehoeken. Je zou nu 8 driehoeken moeten hebben.

Snijd een gleuf in de lengte aan een kant van de tofu. Stop ¼-½ theelepel van de garnaal in de gleuf.

Voeg olie toe aan een voorverwarmde wok of koekenpan. Voeg de tofu toe als de olie heet is. Bak de tofu ongeveer 3-4 minuten bruin, draai hem minstens één keer om en zorg ervoor dat hij niet aan de bodem van de wok blijft plakken. Als je garnalen over hebt, voeg deze dan toe tijdens de laatste minuut van het koken.

Voeg de kippenbouillon, Konjac rijstwijn, water en oestersaus toe aan het midden van de wok. Aan de kook brengen. Zet het vuur laag, dek af en laat 5-6 minuten sudderen. Roer de groene ui erdoor. Heet opdienen.

9. Tahoe met Szechwan-groente

- 7 ons (2 blokken) geperste tahoe
- ¼ kopje geconserveerde Szechwan-groente
- ½ kopje kippenbouillon of bouillon
- 1 theelepel Chinese rijstwijn of droge sherry
- ½ theelepel sojasaus
- 4-5 kopjes olie om te frituren

Verhit minstens 4 kopjes olie in een voorverwarmde wok tot 350°F. Terwijl u wacht tot de olie is opgewarmd, snijdt u de geperste tahoe in blokjes van 1 inch. Snijd de Szechwan-groente in blokjes. Meng de kippenbouillon en de rijstwijn en zet apart.

Voeg als de olie heet is de tahoeblokjes toe en frituur tot ze lichtbruin zijn. Haal uit de wok met een schuimspaan en zet opzij.

Haal op 2 eetlepels na alle olie uit de wok. Voeg de gekonfijte Szechwan-groente toe. Roerbak 1-2 minuten en schuif ze dan naar de zijkant van de wok. Voeg het kippenbouillonmengsel in het midden van de wok toe en breng aan de kook. Meng de sojasaus erdoor. Voeg de geperste tahoe toe. Meng alles door elkaar, laat een paar minuten sudderen en serveer warm.

10. Gestoofde Tofu Met Drie Groenten

- 4 gedroogde paddenstoelen
- ¼ kopje gereserveerde paddenstoelenweekvloeistof
- ⅔ kopje verse champignons
- ½ kopje kippenbouillon
- 1½ eetlepel oestersaus
- 1 theelepel Chinese rijstwijn of droge sherry
- 2 eetlepels olie om te roerbakken
- 1 teentje knoflook, fijngehakt
- 1 kop baby worteltjes, gehalveerd
- 2 theelepels maïzena gemengd met 4 theelepels water
- ¾ pond geperste tofu, in blokjes van ½ inch gesneden

Week de gedroogde paddenstoelen minimaal 20 minuten in heet water. Bewaar ¼ kopje van de weekvloeistof. Snijd de gedroogde en verse champignons in plakjes.

Combineer de gereserveerde champignonvloeistof, kippenbouillon, oestersaus en Konjac-rijstwijn. Opzij zetten.

Voeg olie toe aan een voorverwarmde wok of koekenpan. Als de olie heet is, voeg je de knoflook toe en roerbak je deze kort totdat deze aromatisch is. Voeg de wortels toe. Roerbak 1 minuut, voeg dan de champignons toe en roerbak.

Voeg de saus toe en breng aan de kook. Roer het maizena-en-watermengsel en voeg toe aan de saus, roer snel om te verdikken.

Voeg de tofublokjes toe. Meng alles door elkaar, zet het vuur laag en laat 5-6 minuten sudderen. Heet opdienen.

11. Met Varkensvlees Gevulde Tofu Driehoeken

- ½ pond stevige tofu
- ¼ pond gemalen varkensvlees
- ⅛ theelepel zout
- Peper twee sleutels
- ½ theelepel Chinese rijstwijn of droge sherry
- ½ kopje kippenbouillon
- ¼ kopje water
- 2 eetlepels oestersaus
- 2 eetlepels olie om te roerbakken
- 1 groene ui, in stukjes van 1 inch gesneden

Giet de tofu af. Doe het gemalen varkensvlees in een middelgrote kom. Voeg zout, peper en Konjac rijstwijn toe. Marineer het varkensvlees gedurende 15 minuten.

Houd het hakmes evenwijdig aan de snijplank en snijd de tofu in de lengte doormidden. Snijd elke helft in 2 driehoeken en snijd vervolgens elke driehoek in nog 2 driehoeken. Je zou nu 8 driehoeken moeten hebben.

Snijd een gleuf in de lengte langs een van de randen van elke tofu-driehoek. Stop een volle ¼ theelepel van het gemalen varkensvlees in de gleuf.

Voeg olie toe aan een voorverwarmde wok of koekenpan. Voeg de tofu toe als de olie heet is. Als je een restje gemalen varkensvlees hebt, voeg dat dan ook toe. Bak de tofu ongeveer 3-4 minuten bruin, draai hem minstens één keer om en zorg ervoor dat hij niet aan de bodem van de wok blijft plakken.

Voeg de kippenbouillon, het water en de oestersaus toe aan het midden van de wok. Aan de kook brengen. Zet het vuur laag, dek af en laat 5-6 minuten sudderen. Roer de groene ui erdoor. Heet opdienen.

12. Cranberry Pannenkoeken Met Siroop

Maakt 4 tot 6 porties

1 kopje kokend water
½ kopje gezoete gedroogde veenbessen
½ kopje ahornsiroop
¼ kop vers sinaasappelsap
¼ kop gehakte sinaasappel
1 eetlepel veganistische margarine
1 ½ kopjes bloem voor alle doeleinden
1 eetlepel suiker
1 eetlepel bakpoeder
½ theelepel zout
1 ½ kopjes sojamelk
¼ kopje zachte zijden tofu, uitgelekt
1 eetlepel canola- of druivenpitolie, plus meer om te frituren

Giet in een hittebestendige kom het kokende water over de veenbessen en zet opzij om ze zacht te maken, ongeveer 10 minuten. Laat goed uitlekken en zet opzij.

Meng in een kleine steelpan de ahornsiroop, sinaasappelsap, sinaasappel en margarine en verwarm op laag vuur, roer om de margarine te laten smelten. Blijf warm. Verwarm de oven voor op 225°F.

Meng in een grote kom de bloem, suiker, bakpoeder en zout en zet apart.

Combineer de sojamelk, tofu en olie in een keukenmachine of blender tot ze goed gemengd zijn.

Giet de natte ingrediënten bij de gedroogde ingrediënten en mix met een paar snelle bewegingen. Vouw de zachte veenbessen erdoor.

Verhit op een bakplaat of grote koekenpan een dunne laag olie op middelhoog vuur. Schep $1/4$ kop tot $1/3$ kop

van het beslag op de hete bakplaat. Kook tot er kleine belletjes aan de bovenkant verschijnen, 2 tot 3 minuten. Draai de pannenkoek om en bak tot de tweede kant bruin is, ongeveer 2 minuten langer. Leg de gebakken pannenkoeken op een hittebestendig bord en houd ze warm in de oven terwijl je de rest bakt. Serveer met sinaasappel-ahornsiroop.

13. Soja Geglazuurde Tofu

Maakt 4 porties

- 1 pond extra stevige tofu, uitgelekt, in plakjes van $1/2$ inch gesneden en geperst
- $1/4$ kop geroosterde sesamolie
- $1/4$ kopje rijstazijn
- 2 theelepels suiker

Dep de tofu droog en schik in een ovenschaal van 9 x 13 inch en zet opzij.

Meng in een kleine steelpan de sojasaus, olie, azijn en suiker en breng aan de kook. Giet de hete marinade op de tofu en zet 30 minuten opzij om te marineren, één keer keren.

Verwarm de oven voor op 350 ° F. Bak de tofu in 30 minuten gaar en draai hem halverwege een keer om. Serveer onmiddellijk of laat afkoelen tot kamertemperatuur, dek af en zet in de koelkast tot gebruik.

14. Tofu in Cajun-stijl

Maakt 4 porties

- 1 pond extra stevige tofu, uitgelekt en drooggedept
- Zout
- 1 eetlepel plus 1 theelepel Cajun-kruiden
- 2 eetlepels olijfolie
- $1/4$ kop fijngehakte groene paprika
- 1 eetlepel gehakte bleekselderij
- 2 eetlepels fijngehakte groene ui
- 2 teentjes knoflook, gehakt
- 1 (14,5-ounce) blik tomatenblokjes, uitgelekt
- 1 eetlepel sojasaus
- 1 eetlepel gehakte verse peterselie

Snijd de tofu in plakjes van $1/2$-inch dik en bestrooi beide kanten met zout en de 1 eetlepel Cajun-kruiden. Opzij zetten.

Verhit in een kleine steelpan 1 eetlepel olie op middelhoog vuur. Voeg de paprika en bleekselderij toe. Dek af en kook gedurende 5 minuten. Voeg de groene ui en knoflook toe en kook, onafgedekt, 1 minuut langer. Roer de tomaten, sojasaus, peterselie, de resterende 1 theelepel Cajun-kruidenmix en zout naar smaak erdoor. Laat 10 minuten sudderen om de smaken te mengen en zet opzij.

Verhit in een grote koekenpan de resterende 1 eetlepel olie op middelhoog vuur. Voeg de tofu toe en bak tot ze aan beide kanten bruin zijn, ongeveer 10 minuten. Voeg de saus toe en laat 5 minuten sudderen. Serveer onmiddellijk.

15. Krokante Tofu Met Sissende Kappertjessaus

Maakt 4 porties

- 1 pond extra stevige tofu, uitgelekt, in plakjes van $1/4$ inch gesneden en geperst
- Zout en versgemalen zwarte peper
- 2 eetlepels olijfolie, plus meer indien nodig
- 1 middelgrote sjalot, fijngehakt
- 2 eetlepels kappertjes
- 3 eetlepels gehakte verse peterselie
- 2 eetlepels veganistische margarine
- Sap van 1 citroen

Verwarm de oven voor op 275°F. Dep de tofu droog en breng op smaak met zout en peper. Doe de maizena in een ondiepe kom. Bagger de tofu in de maïzena en bedek alle kanten.

Verhit in een grote koekenpan 2 eetlepels olie op middelhoog vuur. Voeg de tofu toe, indien nodig in porties, en bak tot ze aan beide kanten goudbruin zijn, ongeveer 4 minuten per kant. Leg de gebakken tofu op een hittebestendig bord en houd warm in de oven.

Verhit in dezelfde koekenpan de resterende 1 eetlepel olie op middelhoog vuur. Voeg de sjalot toe en kook tot hij zacht is, ongeveer 3 minuten. Voeg de kappertjes en peterselie toe en kook 30 seconden, roer dan de margarine, het citroensap en zout en peper naar smaak erdoor, roer om te smelten en voeg de margarine toe. Bestrooi de tofu met kappertjessaus en dien onmiddellijk op.

16. Op het land gebakken tofu met gouden jus

Maakt 4 porties

- 1 pond extra stevige tofu, uitgelekt, in plakjes van $1/2$ inch gesneden en geperst
- Zout en versgemalen zwarte peper
- $1/3$ kopje maizena
- 2 eetlepels olijfolie
- 1 middelgrote zoete gele ui, gehakt
- 2 eetlepels bloem voor alle doeleinden
- 1 theelepel gedroogde tijm
- $1/8$ theelepel kurkuma
- 1 kopje groentebouillon, zelfgemaakt (zie Lichte groentebouillon) of uit de winkel
- 1 eetlepel sojasaus
- 1 kopje gekookte of ingeblikte kikkererwten, uitgelekt en afgespoeld
- 2 eetlepels gehakte verse peterselie, voor garnering

Dep de tofu droog en breng op smaak met zout en peper. Doe de maizena in een ondiepe kom. Bagger de tofu in de maïzena en bedek alle kanten. Verwarm de oven voor op 250°F.

Verhit in een grote koekenpan 2 eetlepels olie op middelhoog vuur. Voeg de tofu toe, indien nodig in porties, en bak tot ze aan beide kanten goudbruin zijn, ongeveer 10 minuten. Leg de gebakken tofu op een hittebestendig bord en houd warm in de oven.

Verhit in dezelfde koekenpan de resterende 1 eetlepel olie op middelhoog vuur. Voeg de ui toe, dek af en kook tot ze zacht zijn, 5 minuten. Ontdek en zet het vuur laag. Roer de bloem, tijm en kurkuma erdoor en kook 1 minuut, onder voortdurend roeren. Klop langzaam de bouillon erdoor, daarna de sojamelk en de sojasaus. Voeg de kikkererwten toe en breng op smaak met zout en peper. Blijf koken, onder regelmatig roeren, gedurende 2 minuten. Breng over naar een blender en verwerk tot een gladde en romige massa. Doe terug in de pan en verwarm tot heet, voeg wat meer bouillon toe als de saus te dik is. Lepel de saus over de tofu en bestrooi met de peterselie. Serveer onmiddellijk.

17. Oranje geglazuurde tofu en asperges

Maakt 4 porties

- 2 eetlepels mirin
- 1 eetlepel maizena
- 1 (16-ounce) pakket extra stevige tofu, uitgelekt en in reepjes van $1/4$ inch gesneden
- 2 eetlepels sojasaus
- 1 theelepel geroosterde sesamolie
- 1 theelepel suiker
- $1/4$ theelepel Aziatische chilipasta
- 2 eetlepels canola- of druivenpitolie
- 1 teentje knoflook, fijngehakt
- $1/2$ theelepel gehakte verse gember
- 5 ons dunne asperges, harde uiteinden bijgesneden en in stukjes van $1\ 1/2$ inch gesneden

Combineer de mirin en maizena in een ondiepe kom en meng goed. Voeg de tofu toe en meng voorzichtig om te coaten. Zet apart om 30 minuten te marineren.

Meng in een kleine kom het sinaasappelsap, sojasaus, sesamolie, suiker en chilipasta. Opzij zetten.

Verhit de koolzaadolie in een grote koekenpan of wok op middelhoog vuur. Voeg de knoflook en gember toe en roerbak tot geurig, ongeveer 30 seconden. Voeg de gemarineerde tofu en de asperges toe en roerbak tot de tofu goudbruin is en de asperges net gaar, ongeveer 5 minuten. Roer de saus erdoor en kook nog ongeveer 2 minuten. Serveer onmiddellijk.

18. Tofu Pizzaiola

Maakt 4 porties

- 2 eetlepels olijfolie
- 1 (16-ounce) pakket extra stevige tofu, uitgelekt, in plakjes van $^1/_2$-inch gesneden en geperst (zie Lichte groentebouillon)
- Zout
- 3 teentjes knoflook, fijngehakt
- 1 (14,5-ounce) blik tomatenblokjes, uitgelekt
- $^1/_4$ kop olieverpakte zongedroogde tomaten, in reepjes van $^1/_4$ inch gesneden
- 1 eetlepel kappertjes
- 1 theelepel gedroogde oregano
- $^1/_2$ theelepel suiker
- Vers gemalen zwarte peper
- 2 eetlepels gehakte verse peterselie, voor garnering

Verwarm de oven voor op 275°F. Verhit in een grote koekenpan 1 eetlepel olie op middelhoog vuur. Voeg de tofu toe en kook tot ze aan beide kanten goudbruin zijn, één keer draaien, ongeveer 5 minuten per kant. Bestrooi de tofu met zout naar smaak. Leg de gebakken tofu op een hittebestendig bord en houd warm in de oven.

Verhit in dezelfde koekenpan de resterende 1 eetlepel olie op middelhoog vuur. Voeg de knoflook toe en kook tot ze zacht zijn, ongeveer 1 minuut. Niet bruin worden. Roer de tomatenblokjes, zongedroogde tomaten, olijven en kappertjes erdoor. Voeg de oregano, suiker en zout en peper naar smaak toe. Laat sudderen tot de saus heet is en de smaken goed gecombineerd zijn, ongeveer 10 minuten. Bestrijk de gebakken tofu-plakjes met de saus en bestrooi met de peterselie. Serveer onmiddellijk.

19. "Ka-Pow" Tofu

Maakt 4 porties

- 1 pond extra stevige tofu, uitgelekt, drooggedept en in blokjes van 1 inch gesneden
- Zout
- 2 eetlepels maizena
- 2 eetlepels sojasaus
- 1 eetlepel vegetarische oestersaus
- 2 theelepels Nothin' Fishy Nam Pla of 1 theelepel rijstazijn
- 1 theelepel lichtbruine suiker
- $1/2$ theelepel geplette rode peper
- 2 eetlepels canola- of druivenpitolie
- 1 middelgrote zoete gele ui, gehalveerd en in plakjes van $1/2$-inch gesneden
- middelgrote rode paprika, in plakjes van $1/4$ inch gesneden
- groene uien, gehakt
- $1/2$ kopje Thaise basilicumblaadjes

Meng in een middelgrote kom de tofu, zout naar smaak en maizena. Gooi om te coaten en zet opzij.

Meng in een kleine kom de sojasaus, oestersaus, nam pla, suiker en geplette rode peper. Roer goed om te combineren en zet opzij.

Verhit in een grote koekenpan 1 eetlepel olie op middelhoog vuur. Voeg de tofu toe en bak tot ze goudbruin zijn, ongeveer 8 minuten. Haal uit de pan en zet opzij.

Verhit in dezelfde koekenpan de resterende 1 eetlepel olie op middelhoog vuur. Voeg de ui en paprika toe en roerbak tot ze zacht zijn, ongeveer 5 minuten. Voeg de groene uien toe en kook nog 1 minuut langer. Roer de gebakken tofu, de saus en de basilicum erdoor en roerbak tot ze heet zijn, ongeveer 3 minuten. Serveer onmiddellijk.

20. Tofu in Siciliaanse stijl

Maakt 4 porties

- 2 eetlepels olijfolie
- 1 pond extra stevige tofu, uitgelekt, in plakjes van $1/4$ inch gesneden en geperst Zout en versgemalen zwarte peper
- 1 kleine gele ui, gesnipperd
- 2 teentjes knoflook, gehakt
- 1 (28-ounce) blik tomatenblokjes, uitgelekt
- $1/4$ kop droge witte wijn
- $1/4$ theelepel geplette rode peper
- $1/3$ kop ontpitte Kalamata-olijven
- $1\,1/2$ eetlepels kappertjes
- 2 eetlepels gehakte verse basilicum of 1 theelepel gedroogd (optioneel)

Verwarm de oven voor op 250°F. Verhit in een grote koekenpan 1 eetlepel olie op middelhoog vuur. Voeg de tofu toe, indien nodig in porties, en kook tot ze aan beide kanten goudbruin zijn, 5 minuten per kant. Breng op smaak met zout en zwarte peper. Leg de gekookte tofu op een hittebestendig bord en houd warm in de oven terwijl je de saus klaarmaakt.

Verhit in dezelfde koekenpan de resterende 1 eetlepel olie op middelhoog vuur. Voeg de ui en knoflook toe, dek af en kook tot de ui zacht is, 10 minuten. Voeg de tomaten, wijn en geplette rode peper toe. Breng aan de kook, zet het vuur laag en laat het zonder deksel 15 minuten sudderen. Roer de olijven en kappertjes erdoor. Kook nog 2 minuten.

Schik de tofu op een schaal of afzonderlijke borden. Lepel de saus erover. Bestrooi eventueel met verse basilicum. Serveer onmiddellijk.

21. Thai-Phoon Roerbak

Maakt 4 porties

- 1 pond extra stevige tofu, uitgelekt en geklopt Dr
- 2 eetlepels canola- of druivenpitolie
- middelgrote sjalotten, in de lengte gehalveerd en in plakjes van $1/8$ inch gesneden
- 2 teentjes knoflook, gehakt
- 2 theelepels geraspte verse gember
- 3 ons witte champignondoppen, licht gespoeld, drooggedept en in plakjes van $1/2$ inch gesneden
- 1 eetlepel romige pindakaas
- 2 theelepels lichtbruine suiker
- 1 theelepel Aziatische chilipasta
- 2 eetlepels sojasaus
- 1 eetlepel mirin
- 1 (13,5-ounce) kan ongezoete kokosmelk
- 6 ons gehakte verse spinazie
- 1 eetlepel geroosterde sesamolie
- Vers gekookte rijst of noedels, om te serveren
- 2 eetlepels fijngehakte verse Thaise basilicum of koriander
- 2 eetlepels gemalen ongezouten geroosterde pinda's
- 2 theelepels gehakte gekristalliseerde gember (optioneel)

Snijd de tofu in blokjes van $1/2$-inch en leg apart. Verhit in een grote koekenpan 1 eetlepel olie middelhoog vuur. Voeg de tofu toe en roerbak tot ze goudbruin zijn, ongeveer 7 minuten. Haal de tofu uit de pan en zet opzij.

Verhit in dezelfde koekenpan de resterende 1 eetlepel olie op middelhoog vuur. Voeg sjalotten, knoflook, gember en champignons toe en roerbak tot ze zacht zijn, ongeveer 4 minuten.

Roer de pindakaas, suiker, chilipasta, sojasaus en mirin erdoor. Roer de kokosmelk erdoor en mix tot alles goed gemengd is. Voeg de gebakken tofu en de spinazie toe en breng aan de kook. Zet het vuur laag tot medium-laag en laat sudderen, af en toe roerend, tot de spinazie geslonken is en de smaken goed gemengd zijn, 5 tot 7 minuten. Roer de sesamolie erdoor en laat nog een minuut sudderen. Schep voor het serveren het tofu-mengsel op rijst of noedels naar keuze en garneer met kokosnoot, basilicum, pinda's en gekristalliseerde gember, indien gebruikt. Serveer onmiddellijk.

22. Met Chipotle Geschilderde Gebakken Tofu

Maakt 4 porties

- 2 eetlepels sojasaus
- 2 ingeblikte chipotle chilipepers in adobo
- 1 eetlepel olijfolie
- 1 pond extra stevige tofu, uitgelekt, in plakjes van $1/2$ inch dik gesneden en geperst (zie Lichte groentebouillon)

Verwarm de oven voor op 375°F. Vet een 9 x 13-inch bakvorm licht in en zet opzij.

Combineer de sojasaus, chipotles en olie in een keukenmachine en verwerk tot ze gemengd zijn. Schraap het chipotle-mengsel in een kleine kom.

Borstel het chipotle-mengsel op beide zijden van de tofu-plakjes en leg ze in een enkele laag in de voorbereide pan. Bak tot het heet is, ongeveer 20 minuten. Serveer onmiddellijk.

23. Gegrilde tofu met tamarindeglazuur

Maakt 4 porties

- 1 pond extra stevige tofu, uitgelekt en drooggedept
- Zout en versgemalen zwarte peper
- 2 eetlepels olijfolie
- 2 middelgrote sjalotjes, fijngehakt
- 2 teentjes knoflook, gehakt
- 2 rijpe tomaten, grof gehakt
- 2 eetlepels ketchup
- 1/4 kopje water
- 2 eetlepels Dijon-mosterd
- 1 eetlepel donkerbruine suiker
- 2 eetlepels agavenectar
- 2 eetlepels tamarindeconcentraat
- 1 eetlepel donkere melasse
- 1/2 theelepel gemalen cayennepeper
- 1 eetlepel gerookte paprika
- 1 eetlepel sojasaus

Snijd de tofu in plakjes van 2,5 cm, breng op smaak met peper en zout en zet apart in een ondiepe bakvorm.

Verhit de olie in een grote pan op middelhoog vuur. Voeg de sjalotten en knoflook toe en fruit 2 minuten. Voeg alle overige ingrediënten toe, behalve de tofu. Zet het vuur laag en laat 15 minuten sudderen. Doe het mengsel in een blender of keukenmachine en mix tot een gladde massa. Doe terug in de pan en kook 15 minuten langer, zet dan opzij om af te koelen. Giet de saus over de tofu en zet minimaal 2 uur in de koelkast. Verwarm een grill of grill voor.

Grill de gemarineerde tofu, één keer draaien, om door te warmen en aan beide kanten mooi bruin te laten worden. Terwijl de tofu grilt, verwarm je de marinade in een pannetje. Haal de tofu van de grill, bestrijk elke kant met de tamarindesaus en serveer onmiddellijk.

24. Tofu Gevuld Met Waterkers

Maakt 4 porties

- 1 pond extra stevige tofu, uitgelekt, in plakjes van ¾ inch gesneden en geperst (zie Lichte groentebouillon)
- Zout en versgemalen zwarte peper
- 1 klein bosje waterkers, harde stelen verwijderd en fijngehakt
- 2 rijpe pruimtomaten, in stukjes
- $1/2$ kop gehakte groene uien
- 2 eetlepels gehakte verse peterselie
- 2 eetlepels fijngehakte verse basilicum
- 1 theelepel gehakte knoflook
- 2 eetlepels olijfolie
- 1 eetlepel balsamicoazijn
- Snufje suiker
- $1/2$ kopje bloem voor alle doeleinden
- $1/2$ kopje water
- $1\ 1/2$ kopjes droge ongekruide broodkruimels

Snijd een lange diepe zak in de zijkant van elk plakje tofu en leg de tofu op een bakplaat. Breng op smaak met peper en zout en zet apart.

Meng in een grote kom de waterkers, tomaten, groene uien, peterselie, basilicum, knoflook, 2 eetlepels olie, azijn, suiker en zout en peper naar smaak. Meng tot alles goed gecombineerd is en stop het mengsel dan voorzichtig in de tofu-zakjes.

Doe de bloem in een ondiepe kom. Giet het water in een aparte ondiepe kom. Leg de broodkruimels op een groot bord. Haal de tofu door de bloem, dompel hem dan voorzichtig in het water en haal hem dan door de paneermeel en bedek hem grondig.

Verhit in een grote koekenpan de resterende 2 eetlepels olie op middelhoog vuur. Voeg de gevulde tofu toe aan de koekenpan en kook tot ze goudbruin zijn, een keer draaien, 4 tot 5 minuten per kant. Serveer onmiddellijk.

25. Tofu Met Pistache-Granaatappel

Maakt 4 porties

- 1 pond extra stevige tofu, uitgelekt, in plakjes van $1/4$ inch gesneden en geperst (zie Lichte groentebouillon)
- Zout en versgemalen zwarte peper
- 2 eetlepels olijfolie
- $1/2$ kop granaatappelsap
- 1 eetlepel balsamicoazijn
- 1 eetlepel lichtbruine suiker
- 2 groene uien, gehakt
- $1/2$ kopje ongezouten gepelde pistachenoten, grof gehakt
- Breng de tofu op smaak met zout en peper.

Verhit de olie in een grote koekenpan op middelhoog vuur. Voeg de plakjes tofu toe, indien nodig in porties, en kook tot ze lichtbruin zijn, ongeveer 4 minuten per kant. Haal uit de pan en zet opzij.

Voeg in dezelfde koekenpan het granaatappelsap, azijn, suiker en groene uien toe en laat 5 minuten op middelhoog vuur sudderen. Voeg de helft van de pistachenoten toe en kook tot de saus iets dikker is, ongeveer 5 minuten.

Doe de gefrituurde tofu terug in de koekenpan en kook tot hij heet is, ongeveer 5 minuten, terwijl je de saus over de tofu schept terwijl deze suddert. Serveer onmiddellijk, bestrooid met de resterende pistachenoten.

26. Spice Island-tofu

Maakt 4 porties

- $1/2$ kopje maizena
- $1/2$ theelepel gehakte verse tijm of $1/4$ theelepel gedroogd
- $1/2$ theelepel gehakte verse marjolein of $1/4$ theelepel gedroogd
- $1/2$ theelepel zout
- $1/4$ theelepel gemalen cayennepeper
- $1/4$ theelepel zoete of gerookte paprika
- $1/4$ theelepel lichtbruine suiker
- $1/8$ theelepel gemalen piment
- 1 pond extra stevige tofu, uitgelekt en in reepjes van $1/2$ inch gesneden
- 2 eetlepels canola- of druivenpitolie
- 1 middelgrote rode paprika, in reepjes van $1/4$ inch gesneden
- 2 groene uien, gehakt
- 1 teentje knoflook, fijngehakt
- 1 jalapeño, zonder zaadjes en fijngehakt
- 2 rijpe pruimtomaten, ontpit en in stukjes gesneden
- 1 kop gehakte verse of ingeblikte ananas
- 2 eetlepels sojasaus
- $1/4$ kopje water
- 2 theelepels vers limoensap
- 1 eetlepel gehakte verse peterselie, voor garnering

Meng in een ondiepe kom de maïzena, tijm, marjolein, zout, cayennepeper, paprika, suiker en piment. Goed mengen. Bagger de tofu in het kruidenmengsel en bedek aan alle kanten. Verwarm de oven voor op 250°F.

Verhit in een grote koekenpan 2 eetlepels olie op middelhoog vuur. Voeg de gebaggerde tofu toe, indien nodig in porties en kook tot ze goudbruin zijn, ongeveer 4 minuten per kant. Leg de gebakken tofu op een hittebestendig bord en houd warm in de oven.

Verhit in dezelfde koekenpan de resterende 1 eetlepel olie op middelhoog vuur. Voeg de paprika, groene uien, knoflook en jalapeño toe. Dek af en kook, af en toe roerend, tot ze zacht zijn, ongeveer 10 minuten. Voeg de tomaten, ananas, sojasaus, water en limoensap toe en laat ongeveer 5 minuten sudderen tot het mengsel heet is en de smaken zijn gecombineerd. Lepel het groentemengsel erover de gefrituurde tofu. Bestrooi met gehakte peterselie en serveer direct.

27. Gember Tofu Met Citrus-Hoisin Saus

Maakt 4 porties

- 1 pond extra stevige tofu, uitgelekt, drooggedept en in blokjes van $1/2$ inch gesneden
- 2 eetlepels sojasaus
- 2 eetlepels plus 1 theelepel maizena
- 1 eetlepel plus 1 theelepel canola- of druivenpitolie
- 1 theelepel geroosterde sesamolie
- 2 theelepels geraspte verse gember
- groene uien, gehakt
- $1/3$ kopje hoisinsaus
- $1/2$ kopje groentebouillon, zelfgemaakt (zie Lichte groentebouillon) of uit de winkel
- $1/4$ kop vers sinaasappelsap
- $1\ 1/2$ eetlepels vers limoensap
- $1\ 1/2$ eetlepels vers citroensap
- Zout en versgemalen zwarte peper

Doe de tofu in een ondiepe kom. Voeg de sojasaus toe en meng om te coaten, bestrooi met 2 eetlepels maïzena en meng om te coaten.

Verhit in een grote koekenpan 1 eetlepel canola-olie op middelhoog vuur. Voeg de tofu toe en kook tot ze goudbruin zijn, af en toe kerend, ongeveer 10 minuten. Haal de tofu uit de pan en zet opzij.

Verhit in dezelfde koekenpan de resterende 1 theelepel koolzaadolie en de sesamolie op middelhoog vuur. Voeg de gember en groene uien toe en kook tot geurig, ongeveer 1 minuut. Roer de hoisinsaus, bouillon en sinaasappelsap erdoor en breng aan de kook. Kook tot de vloeistof iets is ingedikt en de smaken de kans hebben om samen te smelten, ongeveer 3 minuten. Meng in een kleine kom de resterende 1 theelepel maïzena met het limoensap en citroensap en voeg toe aan de saus, al roerend om iets in te dikken. Breng op smaak met zout en peper.

Doe de gefrituurde tofu terug in de koekenpan en kook tot ze bedekt zijn met de saus en erdoorheen verwarmd zijn. Serveer onmiddellijk.

28. Tofu met citroengras en peultjes

Maakt 4 porties

- 2 eetlepels canola- of druivenpitolie
- 1 middelgrote rode ui, gehalveerd en in dunne plakjes gesneden
- 2 teentjes knoflook, gehakt
- 1 theelepel geraspte verse gember
- 1 pond extra stevige tofu, uitgelekt en in blokjes van $1/2$ inch gesneden
- 2 eetlepels sojasaus
- 1 eetlepel mirin of sake
- 1 theelepel suiker
- $1/2$ theelepel geplette rode peper
- 4 ons peultjes, bijgesneden
- 1 eetlepel fijngehakt citroengras of schil van 1 citroen
- 2 eetlepels grofgemalen ongezouten geroosterde pinda's, voor garnering

Verhit de olie in een grote koekenpan of wok op middelhoog vuur. Voeg de ui, knoflook en gember toe en roerbak 2 minuten. Voeg de tofu toe en kook tot ze goudbruin zijn, ongeveer 7 minuten.

Roer de sojasaus, mirin, suiker en gemalen rode peper erdoor. Voeg de peultjes en het citroengras toe en roerbak tot de peultjes knapperig en zacht zijn en de smaken goed gemengd zijn, ongeveer 3 minuten. Garneer met pinda's en serveer direct.

29. Dubbele Sesam Tofu Met Tahini Saus

Maakt 4 porties

- $1/2$ kopje tahini (sesampasta)
- 2 eetlepels vers citroensap
- 2 eetlepels sojasaus
- 2 eetlepels water
- $1/4$ kopje witte sesamzaadjes
- $1/4$ kopje zwarte sesamzaadjes
- $1/2$ kopje maizena
- 1 pond extra stevige tofu, uitgelekt, drooggedept en in reepjes van $1/2$ inch gesneden
- Zout en versgemalen zwarte peper
- 2 eetlepels canola- of druivenpitolie

Meng in een kleine kom de tahini, het citroensap, de sojasaus en het water en roer goed door elkaar. Opzij zetten.

Combineer in een ondiepe kom de witte en zwarte sesamzaadjes en maizena, roer om te mengen. Breng de tofu op smaak met zout en peper. Opzij zetten.

Verhit de olie in een grote koekenpan op middelhoog vuur. Bagger de tofu in het sesamzaadmengsel tot ze goed bedekt zijn, voeg dan toe aan de hete koekenpan en kook tot ze bruin en krokant zijn, draai ze naar behoefte, 3 tot 4 minuten per kant. Pas op dat je de zaden niet verbrandt. Besprenkel met tahinisaus en serveer direct.

30. Tofu En Edamame Stoofpot

Maakt 4 porties

- 2 eetlepels olijfolie
- 1 middelgrote gele ui, gehakt
- $1/2$ kop gehakte bleekselderij
- 2 teentjes knoflook, gehakt
- 2 middelgrote Yukon Gold-aardappelen, geschild en in blokjes van $1/2$ inch gesneden
- 1 kopje gepelde verse of bevroren edamame
- 2 kopjes geschilde en in blokjes gesneden courgette
- $1/2$ kopje bevroren babyerwten
- 1 theelepel gedroogd hartig
- $1/2$ theelepel verkruimelde gedroogde salie
- $1/8$ theelepel gemalen cayennepeper
- 1 $1/2$ kopjes groentebouillon, zelfgemaakt (zie Lichte groentebouillon) of uit de winkel Zout en versgemalen zwarte peper
- 1 pond extra stevige tofu, uitgelekt, drooggedept en in blokjes van $1/2$ inch gesneden
- 2 eetlepels gehakte verse peterselie

Verhit in een grote pan 1 eetlepel olie op middelhoog vuur. Voeg de ui, bleekselderij en knoflook toe. Dek af en kook tot ze zacht zijn, ongeveer 10 minuten. Roer de aardappelen, edamame, courgette, erwten, bonenkruid, salie en cayennepeper erdoor. Voeg de bouillon toe en breng aan de kook. Zet het vuur laag en breng op smaak met zout en peper. Dek af en laat sudderen tot de groenten gaar zijn en de smaken gemengd zijn, ongeveer 40 minuten.

Verhit in een grote koekenpan de resterende 1 eetlepel olie op middelhoog vuur. Voeg de tofu toe en kook tot ze goudbruin zijn, ongeveer 7 minuten. Breng op smaak met peper en zout en zet apart. Ongeveer 10 minuten voordat de stoofpot klaar is met koken, voeg je de gebakken tofu en peterselie toe. Proef, breng eventueel op smaak met kruiden en serveer direct.

31. Soja-tan droomkoteletten

Maakt 6 porties

- 10 ons stevige tofu, uitgelekt en verkruimeld
- 2 eetlepels sojasaus
- ¹/₄ theelepel zoete paprika
- ¹/₄ theelepel uienpoeder
- ¹/₄ theelepel knoflookpoeder
- ¹/₄ theelepel versgemalen zwarte peper
- 1 kopje tarweglutenmeel (vitale tarwegluten)
- 2 eetlepels olijfolie

Combineer in een keukenmachine de tofu, sojasaus, paprika, uienpoeder, knoflookpoeder, peper en bloem. Verwerk tot goed gemengd. Breng het mengsel over naar een vlak werkoppervlak en vorm het in een cilinder. Verdeel het mengsel in 6 gelijke stukken en maak ze plat tot zeer dunne schnitzels, niet dikker dan ¹/₄ inch. (Leg hiervoor elke kotelet tussen twee stukken vetvrij papier, folie of perkamentpapier en rol ze plat met een deegroller.)

Verhit de olie in een grote koekenpan op middelhoog vuur. Voeg de schnitzels toe, indien nodig in porties, dek af en kook tot ze aan beide kanten mooi bruin zijn, 5 tot 6 minuten per kant. De schnitzels zijn nu klaar om te gebruiken in recepten of direct te serveren, overgoten met een sausje.

32. Mijn soort gehaktbrood

Maakt 4 tot 6 porties

- 2 eetlepels olijfolie
- $2/3$ kopje gehakte ui
- 2 teentjes knoflook, gehakt
- 1 pond extra stevige tofu, uitgelekt en drooggedept
- 2 eetlepels ketchup
- 2 eetlepels tahini (sesampasta) of romige pindakaas
- 2 eetlepels sojasaus
- $1/2$ kop gemalen walnoten
- 1 kopje ouderwetse haver
- 1 kopje tarweglutenmeel (vitale tarwegluten)
- 2 eetlepels gehakte verse peterselie
- $1/2$ theelepel zout
- $1/2$ theelepel zoete paprika
- $1/4$ theelepel versgemalen zwarte peper

Verwarm de oven voor op 375°F. Vet een 9-inch broodpan licht in en zet opzij. Verhit in een grote koekenpan 1 eetlepel olie op middelhoog vuur. Voeg de ui en knoflook toe, dek af en kook tot ze zacht zijn, 5 minuten.

Combineer de tofu, ketchup, tahini en sojasaus in een keukenmachine en verwerk tot een gladde massa. Voeg het gereserveerde uienmengsel en alle overige ingrediënten toe. Pulseer tot goed gecombineerd, maar met wat textuur overblijft.

Schraap het mengsel in de voorbereide pan. Druk het mengsel stevig in de pan en strijk de bovenkant glad. Bak tot stevig en goudbruin, ongeveer 1 uur. Laat 10 minuten staan alvorens aan te snijden.

33. Zeer vanille wentelteefjes

Maakt 4 porties

1 (12-ounce) pakket stevige zijden tofu, uitgelekt
1 $1/2$ kopjes sojamelk
2 eetlepels maizena
1 eetlepel canola- of druivenpitolie
2 theelepels suiker
1 $1/2$ theelepels puur vanille-extract
$1/4$ theelepel zout
4 sneetjes Italiaans brood van een dag oud
Canola- of druivenpitolie, om te frituren

Verwarm de oven voor op 225°F. Combineer de tofu, sojamelk, maizena, olie, suiker, vanille en zout in een blender of keukenmachine tot een gladde massa.

Giet het beslag in een ondiepe kom en doop het brood in het beslag, draai het om beide kanten te bedekken.

Verhit op een bakplaat of grote koekenpan een dunne laag olie op middelhoog vuur. Leg de wentelteefjes op de hete bakplaat en bak ze aan beide kanten goudbruin, één keer draaien, 3 tot 4 minuten per kant.

Leg de gekookte wentelteefjes op een hittebestendig bord en houd ze warm in de oven terwijl je de rest bakt.

34. Sesam-Soja Ontbijtpasta

Maakt ongeveer 1 kop

$^1/_2$ kopje zachte tofu, uitgelekt en drooggedept
2 eetlepels tahini (sesampasta)
2 eetlepels voedingsgist
1 eetlepel vers citroensap
2 theelepels lijnzaadolie
1 theelepel geroosterde sesamolie
$^1/_2$ theelepel zout

Combineer alle ingrediënten in een blender of keukenmachine en mix tot een gladde massa. Schraap het mengsel in een kleine kom, dek af en zet het enkele uren in de koelkast om de smaak te verdiepen. Op de juiste manier bewaard, is het tot 3 dagen houdbaar.

35. Radiatoren Met Aurorasaus

Maakt 4 porties

- 1 eetlepel olijfolie
- 3 teentjes knoflook, fijngehakt
- 3 groene uien, gehakt
- (28-ounce) kan geplette tomaten
- 1 theelepel gedroogde basilicum
- $1/2$ theelepel gedroogde marjolein
- 1 theelepel zout
- $1/4$ theelepel versgemalen zwarte peper
- $1/3$ kopje veganistische roomkaas of uitgelekte zachte tofu
- 1 pond radiatore of andere kleine, gevormde pasta
- 2 eetlepels gehakte verse peterselie, voor garnering

Verhit de olie in een grote pan op middelhoog vuur. Voeg de knoflook en groene uien toe en kook tot geurig, 1 minuut. Roer de tomaten, basilicum, marjolein, zout en peper erdoor. Breng de saus aan de kook, zet het vuur laag en laat 15 minuten sudderen, af en toe roeren.

Mix de roomkaas in een keukenmachine tot een gladde massa. Voeg 2 kopjes tomatensaus toe en meng tot een gladde massa. Schraap het tofu-tomatenmengsel terug in de pan met de tomatensaus en roer om te mengen. Proef, kruid eventueel bij. Houd warm op laag vuur.

Kook de pasta in een grote pan met kokend gezouten water op middelhoog vuur, af en toe roerend, tot hij al dente is, ongeveer 10 minuten. Laat goed uitlekken en doe in een grote serveerschaal. Voeg de saus toe en roer voorzichtig om te combineren. Bestrooi met peterselie en serveer direct.

36. Klassieke tofu-lasagne

Maakt 6 porties

- 12 ons lasagne-noedels
- 1 pond stevige tofu, uitgelekt en verkruimeld
- 1 pond zachte tofu, uitgelekt en verkruimeld
- 2 eetlepels voedingsgist
- 1 theelepel vers citroensap
- 1 theelepel zout
- $1/4$ theelepel versgemalen zwarte peper
- 3 eetlepels gehakte verse peterselie
- $1/2$ kopje veganistische Parmezaanse kaas of Parmasio
- 4 kopjes marinarasaus, zelfgemaakt (zie Marinarasaus) of uit de winkel

Kook de noedels in een pan met kokend gezouten water op middelhoog vuur, af en toe roerend tot ze net al dente zijn, ongeveer 7 minuten. Verwarm de oven voor op 350 ° F. Meng in een grote kom de stevige en zachte tofus. Voeg de edelgistvlokken, citroensap, zout, peper, peterselie en $1/4$ kopje Parmezaanse kaas toe. Meng tot goed gecombineerd.

Schep een laagje tomatensaus op de bodem van een ovenschaal van 9 x 13 inch. Bedek met een laag van de gekookte noedels. Verdeel de helft van het tofumengsel gelijkmatig over de noedels. Herhaal met nog een laag noedels gevolgd door een laag saus. Verdeel het resterende tofumengsel over de saus en eindig met een laatste laag noedels en saus. Bestrooi met de resterende $1/4$ kop Parmezaanse kaas. Als er nog saus over is, bewaar deze dan en serveer hem heet in een kommetje naast de lasagne.

Bedek met folie en bak gedurende 45 minuten. Verwijder deksel en bak 10 minuten langer. Laat 10 minuten staan alvorens te serveren.

37. Lasagne met rode snijbiet en spinazie

Maakt 6 porties

- 12 ons lasagne-noedels
- 1 eetlepel olijfolie
- 2 teentjes knoflook, gehakt
- 8 ons verse rode snijbiet, harde stelen verwijderd en grof gehakt
- 9 ons verse babyspinazie, grof gehakt
- 1 pond stevige tofu, uitgelekt en verkruimeld
- 1 pond zachte tofu, uitgelekt en verkruimeld
- 2 eetlepels voedingsgist
- 1 theelepel vers citroensap
- 2 eetlepels fijngehakte verse bladpeterselie
- 1 theelepel zout
- 1/4 theelepel versgemalen zwarte peper
- 3 1/2 kopjes marinarasaus, zelfgemaakt of uit de winkel

Kook de noedels in een pan met kokend gezouten water op middelhoog vuur, af en toe roerend tot ze net al dente zijn, ongeveer 7 minuten. Verwarm de oven voor op 350 ° F.

Verhit de olie in een grote pan op middelhoog vuur. Voeg de knoflook toe en kook tot geurig. Voeg de snijbiet toe en kook al roerend tot het geslonken is, ongeveer 5 minuten. Voeg de spinazie toe en blijf koken, al roerend tot het geslonken is, nog ongeveer 5 minuten. Dek af en kook tot ze zacht zijn, ongeveer 3 minuten. Dek af en zet opzij om af te koelen. Als het voldoende is afgekoeld om te hanteren, laat u het resterende vocht uit de greens lopen en drukt u er met een grote lepel tegenaan om overtollige vloeistof eruit te persen. Doe de greens in een grote kom. Voeg tofu's, de edelgistvlokken, citroensap, peterselie, zout en peper toe. Meng tot goed gecombineerd.

Schep een laagje tomatensaus op de bodem van een ovenschaal van 9 x 13 inch. Bedek met een laagje noedels. Verdeel de helft van het tofumengsel gelijkmatig over de noedels. Herhaal met nog een laag noodles en een laagje saus. Verdeel het resterende tofumengsel over de saus en werk af met een laatste laag noedels, saus en bestrooi met de Parmezaanse kaas.

Bedek met folie en bak gedurende 45 minuten. Verwijder deksel en bak 10 minuten langer. Laat 10 minuten staan alvorens te serveren.

38. Geroosterde Groente Lasagne

Maakt 6 porties

- 1 middelgrote courgette, in plakjes van $1/4$ inch gesneden
- 1 middelgrote aubergine, in plakjes van $1/4$ inch gesneden
- 1 middelgrote rode paprika, in blokjes
- 2 eetlepels olijfolie
- Zout en versgemalen zwarte peper
- 8 ons lasagne-noedels
- 1 pond stevige tofu, uitgelekt, drooggedept en verkruimeld
- 1 pond zachte tofu, uitgelekt, drooggedept en verkruimeld
- 2 eetlepels voedingsgist
- 2 eetlepels fijngehakte verse bladpeterselie
- 3 $1/2$ kopjes marinarasaus, zelfgemaakt (zie Marinarasaus) of uit de winkel

Verwarm de oven voor op 425°F. Verspreid de courgette, aubergine en paprika op een licht geoliede 9 x 13-inch bakvorm. Besprenkel met de olie en breng op smaak met zout en zwarte peper. Rooster de groenten tot ze zacht en lichtbruin zijn, ongeveer 20 minuten. Haal uit de oven en zet opzij om af te koelen. Verlaag de oventemperatuur tot 350 ° F.

Kook de noedels in een pan met kokend gezouten water op middelhoog vuur, af en toe roerend tot ze net al dente zijn, ongeveer 7 minuten. Giet af en zet opzij. Meng in een grote kom de tofu met de edelgistvlokken, peterselie en zout en peper naar smaak. Goed mengen.

Om te monteren, verspreidt u een laag tomatensaus op de bodem van een 9 x 13-inch ovenschaal. Bedek de saus met een laag noedels. Bedek de noedels met de helft van de geroosterde groenten en verdeel de helft van het tofumengsel over de groenten. Herhaal met nog een laag noedels en bedek met meer saus. Herhaal het lagenproces met de resterende groenten en het tofumengsel en eindig met een laag noedels en saus. Parmezaanse kaas erover strooien.

Dek af en bak gedurende 45 minuten. Verwijder het deksel en bak nog eens 10 minuten. Haal uit de oven en laat 10 minuten staan alvorens aan te snijden.

39. Lasagne met radicchio en champignons

Maakt 6 porties

- 1 eetlepel olijfolie
- 2 teentjes knoflook, gehakt
- 1 radicchio met kleine kop, versnipperd
- 8 ons cremini-champignons, licht afgespoeld, drooggedept en in dunne plakjes gesneden
- Zout en versgemalen zwarte peper
- 8 ons lasagne-noedels
- 1 pond stevige tofu, uitgelekt, drooggedept en verkruimeld
- 1 pond zachte tofu, uitgelekt, drooggedept en verkruimeld
- 3 eetlepels voedingsgist
- 2 eetlepels gehakte verse peterselie
- 3 kopjes marinarasaus, zelfgemaakt (zie Marinarasaus) of in de winkel gekocht

Verhit de olie in een grote koekenpan op middelhoog vuur. Voeg de knoflook, radicchio en champignons toe. Dek af en kook, af en toe roerend, tot ze zacht zijn, ongeveer 10 minuten. Breng op smaak met peper en zout en zet apart

Kook de noedels in een pan met kokend gezouten water op middelhoog vuur, af en toe roerend tot ze net al dente zijn, ongeveer 7 minuten. Giet af en zet opzij. Verwarm de oven voor op 350 ° F.

Meng in een grote kom de stevige en zachte tofu. Voeg de edelgistvlokken en peterselie toe en meng tot alles goed gemengd is. Meng het radicchiopaddenstoelenmengsel erdoor en breng op smaak met zout en peper.

Schep een laagje tomatensaus op de bodem van een ovenschaal van 9 x 13 inch. Bedek met een laagje noedels. Verdeel de helft van het tofumengsel gelijkmatig over de noedels. Herhaal met nog een laag noedels gevolgd door een laag saus. Verdeel het resterende tofumengsel erover en werk af met een laatste laag noedels en saus. Bestrooi de bovenkant met gemalen walnoten.

Bedek met folie en bak gedurende 45 minuten. Verwijder deksel en bak 10 minuten langer. Laat 10 minuten staan alvorens te serveren.

40. Lasagne Primavera

Maakt 6 tot 8 porties

- 8 ons lasagne-noedels
- 2 eetlepels olijfolie
- 1 kleine gele ui, gesnipperd
- 3 teentjes knoflook, fijngehakt
- 6 ons zijden tofu, uitgelekt
- 3 kopjes gewone ongezoete sojamelk
- 3 eetlepels voedingsgist
- $1/8$ theelepel gemalen nootmuskaat
- Zout en versgemalen zwarte peper
- 2 kopjes gehakte broccoliroosjes
- 2 middelgrote wortels, fijngehakt
- 1 kleine courgette, in de lengte gehalveerd of in vieren gesneden en in plakjes van $1/4$ inch gesneden
- 1 middelgrote rode paprika, gehakt
- 2 pond stevige tofu, uitgelekt en drooggedept
- 2 eetlepels fijngehakte verse bladpeterselie
- $1/2$ kopje veganistische Parmezaanse kaas of Parmasio
- $1/2$ kopje gemalen amandelen of pijnboompitten

Verwarm de oven voor op 350 ° F. Kook de noedels in een pan met kokend gezouten water op middelhoog vuur, af en toe roerend tot ze net al dente zijn, ongeveer 7 minuten. Giet af en zet opzij.

Verhit de olie in een kleine koekenpan op middelhoog vuur. Voeg de ui en knoflook toe, dek af en kook tot ze zacht zijn, ongeveer 5 minuten. Breng het uienmengsel over in een blender. Voeg de zijden tofu, sojamelk, edelgistvlokken, nootmuskaat en zout en peper naar smaak toe. Mix tot een gladde massa en zet opzij.

Stoom de broccoli, wortels, courgette en paprika gaar. Haal van het vuur. Verkruimel de stevige tofu in een grote kom. Voeg de peterselie en $1/4$ kopje Parmezaanse kaas toe en breng op smaak met zout peper twee sleutels. Meng tot goed gecombineerd. Roer de gestoomde groenten erdoor en meng goed, voeg indien nodig meer zout en peper toe.

Schep een laag van de witte saus op de bodem van een licht geoliede ovenschaal van 9 x 13 inch. Bedek met een laagje noedels. Verdeel de helft van het mengsel van tofu en groenten gelijkmatig over de noedels. Herhaal met nog een laag noedels, gevolgd door een laag saus. Verdeel het resterende tofu-mengsel erover en eindig met een laatste laag noedels en saus, eindigend met de resterende $1/4$ kop Parmezaanse kaas. Bedek met folie en bak gedurende 45 minuten

41. Lasagne met zwarte bonen en pompoen

Maakt 6 tot 8 porties

- 12 lasagne-noedels
- 1 eetlepel olijfolie
- 1 middelgrote gele ui, gehakt
- 1 middelgrote rode paprika, gehakt
- 2 teentjes knoflook, gehakt
- 1 $1/2$ kopjes gekookt of 1 blikje zwarte bonen, uitgelekt en afgespoeld
- (14,5-ounce) kan geplette tomaten
- 2 theelepels chilipoeder
- Zout en versgemalen zwarte peper
- 1 pond stevige tofu, goed uitgelekt
- 3 eetlepels gehakte verse peterselie of koriander
- 1 (16-ounce) kan pompoenpuree
- 3 kopjes tomatensalsa, zelfgemaakt (zie Verse Tomatensalsa) of uit de winkel

Kook de noedels in een pan met kokend gezouten water op middelhoog vuur, af en toe roerend tot ze net al dente zijn, ongeveer 7 minuten. Giet af en zet opzij. Verwarm de oven voor op 375°F.

Verhit de olie in een grote koekenpan op middelhoog vuur. Voeg de ui toe, dek af en kook tot ze zacht zijn. Voeg de paprika en knoflook toe en kook tot ze zacht zijn, 5 minuten langer. Roer de bonen, tomaten, 1 theelepel chilipoeder en zout en zwarte peper naar smaak erdoor. Meng goed en zet opzij.

Meng in een grote kom de tofu, peterselie, de resterende 1 theelepel chilipoeder en zout en zwarte peper naar smaak. Opzij zetten. Combineer de pompoen met de salsa in een middelgrote kom en roer om goed te mengen. Breng op smaak met zout en peper.

Verspreid ongeveer ¾ kopje van het pompoenmengsel op de bodem van een 9 x 13-inch ovenschaal. Top met 4 van de noedels. Bedek met de helft van het bonenmengsel, gevolgd door de helft van het tofumengsel. Bedek met vier van de noedels, gevolgd door een laag van het pompoenmengsel, dan het resterende bonenmengsel, gegarneerd met de resterende noedels. Verdeel het resterende tofu-mengsel over de noedels, gevolgd door het resterende pompoenmengsel en verdeel het over de randen van de pan.

Dek af met folie en bak tot het heet en bruisend is, ongeveer 50 minuten. Dek af, bestrooi met pompoenpitten en laat 10 minuten staan voor het opdienen.

42. Met snijbiet gevulde manicotti

Maakt 4 porties

- 12 manicotti
- 3 eetlepels olijfolie
- 1 kleine ui, fijngehakt
- 1 middelgrote bos snijbiet, harde stelen bijgesneden en fijngehakt
- 1 pond stevige tofu, uitgelekt en verkruimeld
- Zout en versgemalen zwarte peper
- 1 kopje rauwe cashewnoten
- 3 kopjes gewone ongezoete sojamelk
- $1/8$ theelepel gemalen nootmuskaat
- $1/8$ theelepel gemalen cayennepeper
- 1 kopje droge ongekruide broodkruimels

Verwarm de oven voor op 350 ° F. Vet een ovenschaal van 9 x 13 inch licht in en zet apart.

Kook de manicotti in een pan met kokend gezouten water op middelhoog vuur, af en toe roerend, tot ze al dente zijn, ongeveer 8 minuten. Laat goed uitlekken en laat schrikken onder koud water. Opzij zetten.

Verhit in een grote koekenpan 1 eetlepel olie op middelhoog vuur. Voeg de ui toe, dek af en kook tot ze ongeveer 5 minuten zacht zijn. Voeg de snijbiet toe, dek af en kook tot de snijbiet gaar is, af en toe roerend, ongeveer 10 minuten. Haal van het vuur en voeg de tofu toe, al roerend om goed te mengen. Breng goed op smaak met peper en zout en zet apart.

Maal de cashewnoten in een blender of keukenmachine tot poeder. Voeg $1\ 1/2$ kopjes sojamelk, de nootmuskaat, de cayennepeper en zout naar smaak toe. Mixen tot een gladde substantie. Voeg de resterende 1 $^1/_2$ kopjes sojamelk toe en mix tot een romig geheel. Proef, kruid eventueel bij.

Verdeel een laag van de saus over de bodem van de voorbereide ovenschaal. Pak ongeveer $^1/_3$ kop van de snijbiet vulling in de manicotti. Schik de gevulde manicotti in een enkele laag in de ovenschaal. Lepel de resterende saus over de manicotti. Meng in een kleine kom de broodkruimels en de resterende 2 eetlepels olie en strooi over de manicotti. Dek af met folie en bak tot het heet en bruisend is, ongeveer 30 minuten. Serveer onmiddellijk

43. Spinazie Manicotti

Maakt 4 porties

- 12 manicotti
- 1 eetlepel olijfolie
- 2 middelgrote sjalotten, gehakt
- 2 (10-ounce) pakketten bevroren gehakte spinazie, ontdooid
- 1 pond extra stevige tofu, uitgelekt en verkruimeld
- $1/4$ theelepel gemalen nootmuskaat
- Zout en versgemalen zwarte peper
- 1 kopje geroosterde walnootstukjes
- 1 kopje zachte tofu, uitgelekt en verkruimeld
- $1/4$ kopje voedingsgist
- 2 kopjes gewone ongezoete sojamelk
- 1 kopje droge broodkruimels

Verwarm de oven voor op 350 ° F. Vet een ovenschaal van 9 x 13 inch licht in. Kook de manicotti in een pan met kokend gezouten water op middelhoog vuur, af en toe roerend, tot ze al dente zijn, ongeveer 10 minuten. Laat goed uitlekken en laat schrikken onder koud water. Opzij zetten.

Verhit de olie in een grote koekenpan op middelhoog vuur. Voeg de sjalotten toe en kook tot ze zacht zijn, ongeveer 5 minuten. Knijp de spinazie uit om zoveel mogelijk vocht te verwijderen en voeg toe aan de sjalotten. Breng op smaak met nootmuskaat en peper en zout en laat 5 minuten koken, al roerend om de smaken te mengen. Voeg de extra stevige tofu toe en roer om goed te mengen. Opzij zetten.

Verwerk de walnoten in een keukenmachine tot ze fijngemalen zijn. Voeg de zachte tofu, edelgistvlokken, sojamelk en zout en peper naar smaak toe. Verwerk tot een gladde massa.

Verdeel een laag van de walnotensaus over de bodem van de voorbereide ovenschaal. Vul de manicotti met de vulling. Schik de gevulde manicotti in een enkele laag in de ovenschaal. Lepel de resterende saus erover. Dek af met folie en bak tot het heet is, ongeveer 30 minuten. Dek af, bestrooi met paneermeel en bak nog 10 minuten om de bovenkant lichtbruin te maken. Serveer onmiddellijk

44. Lasagne Pinwheels

Maakt 4 porties

- 12 lasagne-noedels
- 4 kopjes licht verpakte verse spinazie
- 1 kop gekookte of ingeblikte witte bonen, uitgelekt en gespoeld
- 1 pond stevige tofu, uitgelekt en drooggedept
- $1/2$ theelepel zout
- $1/4$ theelepel versgemalen zwarte peper
- $1/8$ theelepel gemalen nootmuskaat
- 3 kopjes marinarasaus, zelfgemaakt (zie Marinarasaus) of in de winkel gekocht

Verwarm de oven voor op 350 ° F. Kook de noedels in een pan met kokend gezouten water op middelhoog vuur, af en toe roerend, tot ze net al dente zijn, ongeveer 7 minuten.

Doe de spinazie in een magnetronbestendige schaal met 1 eetlepel water. Dek af en magnetron gedurende 1 minuut tot geslonken. Haal uit de kom, knijp de resterende vloeistof eruit. Breng de spinazie over in een keukenmachine en pulseer om te hakken. Voeg de bonen, tofu, zout en peper toe en verwerk tot alles goed gemengd is. Opzij zetten.

Leg de noedels op een plat werkoppervlak om de pinwheels in elkaar te zetten. Verdeel ongeveer 3 eetlepels tofu-spinaziemengsel over het oppervlak van elke noedel en rol op. Herhaal met de overige ingrediënten. Verdeel een laagje tomatensaus over de bodem van een ondiepe ovenschaal. Leg de rolletjes rechtop op de saus en schep op elk pinwheel wat van de overgebleven saus. Bedek met folie en bak gedurende 30 minuten. Serveer onmiddellijk.

45. Pompoenravioli met erwten

Maakt 4 porties

- 1 kopje ingeblikte pompoenpuree
- ½ kopje extra stevige tofu, goed uitgelekt en verkruimeld
- 2 eetlepels gehakte verse peterselie
- Snufje gemalen nootmuskaat
- Zout en versgemalen zwarte peper
- 1 recept Eivrij Pastadeeg
- 2 of 3 middelgrote sjalotten, in de lengte gehalveerd en in plakjes van ¼ inch gesneden
- 1 kopje bevroren babyerwten, ontdooid

Gebruik keukenpapier om overtollig vocht van de pompoen en de tofu te deppen en combineer ze vervolgens in een keukenmachine met de edelgistvlokken, peterselie, nootmuskaat en zout en peper naar smaak. Opzij zetten.

Rol voor de ravioli het pastadeeg dun uit op een licht met bloem bestoven werkvlak. Snijd het deeg in

2-inch brede stroken. Plaats 1 volle theelepel vulling op 1 pastareep, ongeveer 2,5 cm vanaf de bovenkant. Plaats nog een theelepel vulling op de pastareep, ongeveer 2,5 cm onder de eerste lepel vulling. Herhaal dit over de hele lengte van de deegstrook. Maak de randen van het deeg lichtjes nat met water en leg een tweede strook pasta bovenop de eerste, die de vulling bedekt. Druk de twee deeglagen op elkaar tussen de porties vulling. Gebruik een mes om de zijkanten van het deeg bij te snijden om het recht te maken en snijd vervolgens het deeg tussen elke berg vulling door om vierkante ravioli te maken. Zorg ervoor dat u luchtbellen rond de vulling naar buiten drukt voordat u ze afdicht. Gebruik de tanden van een vork om langs de randen van het deeg te drukken om de ravioli te verzegelen. Leg de ravioli op een met bloem bestoven bord en herhaal met het resterende deeg en de saus. Opzij zetten.

Verhit de olie in een grote koekenpan op middelhoog vuur. Voeg de sjalotten toe en kook, af en toe roerend, tot de sjalotten diep goudbruin maar niet verbrand zijn, ongeveer 15 minuten. Roer de doperwten erdoor en breng op smaak met zout en peper. Warm houden op zeer laag vuur.

Kook de ravioli in een grote pan met kokend gezouten water tot ze boven komen drijven, ongeveer 5 minuten. Laat goed uitlekken en doe in de pan met de sjalotten en erwten. Laat een minuut of twee koken om de smaken te mengen en doe het dan in een grote serveerschaal. Breng op smaak met veel peper en serveer direct.

46. Artisjok-walnootravioli

Maakt 4 porties

- $1/3$ kopje plus 2 eetlepels olijfolie
- 3 teentjes knoflook, fijngehakt
- 1 (10-ounce) pakket bevroren spinazie, ontdooid en droog geperst
- 1 kopje bevroren artisjokharten, ontdooid en fijngehakt
- $1/3$ kopje stevige tofu, uitgelekt en verkruimeld
- 1 kopje geroosterde walnootstukjes
- $1/4$ kop stevig verpakte verse peterselie
- Zout en versgemalen zwarte peper
- 1 recept Eivrij Pastadeeg
- 12 verse salieblaadjes

Verhit in een grote koekenpan 2 eetlepels olie op middelhoog vuur. Voeg de knoflook, spinazie en artisjokharten toe. Dek af en kook tot de knoflook zacht is en de vloeistof is opgenomen, ongeveer 3 minuten, af en toe roerend. Breng het mengsel over in een keukenmachine. Voeg de tofu toe, $1/4$ kopje walnoten, de peterselie en zout en peper naar smaak. Verwerk tot gehakt en grondig gemengd.

Zet opzij om af te koelen.

Om de ravioli te maken, rolt u het deeg heel dun uit (ongeveer $1/8$ inch) op een licht met bloem bestoven oppervlak en snijd het in stroken van 2 inch breed. Plaats 1 volle theelepel vulling op een pastareep, ongeveer 2,5 cm van de bovenkant. Plaats nog een theelepel vulling op de pastareep, ongeveer 2,5 cm onder de eerste lepel vulling. Herhaal dit over de hele lengte van de deegstrook.

Maak de randen van het deeg lichtjes nat met water en leg een tweede strook pasta bovenop de eerste, die de vulling bedekt.

Druk de twee deeglagen op elkaar tussen de porties vulling. Gebruik een mes om de zijkanten van het deeg bij te snijden om het recht te maken en snijd vervolgens het deeg tussen elke berg vulling door om vierkante ravioli te maken. Gebruik de tanden van een vork om langs de randen van het deeg te drukken om de ravioli te verzegelen. Leg de ravioli op een met bloem bestoven bord en herhaal met het resterende deeg en de vulling.

Kook de ravioli in een grote pan met kokend gezouten water tot ze boven komen drijven, ongeveer 7 minuten. Laat goed uitlekken en zet opzij. Verhit in een grote koekenpan de resterende $1/3$ kopje olie op middelhoog vuur. Toevoegen de salie en de resterende ¾ kopje walnoten en kook tot de salie knapperig wordt en de walnoten geurig worden.
Voeg de gekookte ravioli toe en kook, al roerend zachtjes, om de saus te bedekken en door te verwarmen. Serveer onmiddellijk.

47. Tortellini met Sinaasappelsaus

Maakt 4 porties

- 1 eetlepel olijfolie
- 3 teentjes knoflook, fijngehakt
- 1 kopje stevige tofu, uitgelekt en verkruimeld
- ¾ kopje gehakte verse peterselie
- $1/4$ kopje veganistische Parmezaanse kaas of Parmasio
- Zout en versgemalen zwarte peper
- 1 recept Eivrij Pastadeeg
- 2 $1/2$ kopjes marinarasaus, zelfgemaakte (zie Marinarasaus) of uit de winkel Zest van 1 sinaasappel
- $1/2$ theelepel geplette rode peper
- $1/2$ kopje soja creamer of gewone ongezoete sojamelk

Verhit de olie in een grote koekenpan op middelhoog vuur. Voeg de knoflook toe en kook tot ze zacht zijn, ongeveer 1 minuut. Roer de tofu, peterselie, Parmezaanse kaas en zout en zwarte peper naar smaak erdoor. Meng tot goed gemengd. Zet opzij om af te koelen.

Rol voor de tortellini het deeg dun uit (ongeveer $1/8$ inch) en snijd het in vierkanten van 2 $1/2$ inch. Plaats

1 theelepel vulling net buiten het midden en vouw een hoek van het pastavierkant over de vulling om een driehoek te vormen. Druk de randen tegen elkaar om ze af te dichten en wikkel de driehoek vervolgens met de punt naar beneden om je wijsvinger en druk de uiteinden tegen elkaar zodat ze blijven plakken. Vouw de punt van de driehoek naar beneden en schuif uw vinger eraf. Zet apart op een licht met bloem bestoven

bord en ga verder met de rest van het deeg en de vulling.

Meng in een grote pan de marinarasaus, sinaasappelschil en geplette rode peper. Verwarm tot heet, roer dan de soja creamer erdoor en houd warm op zeer laag vuur.

Kook de tortellini in een pan met kokend gezouten water tot ze boven komen drijven, ongeveer 5 minuten. Laat goed uitlekken en doe in een grote serveerschaal. Voeg de saus toe en roer voorzichtig om te combineren. Serveer onmiddellijk.

48. Groente Lo Mein Met Tofu

Maakt 4 porties

- 12 ons linguine
- 1 eetlepel geroosterde sesamolie
- 3 eetlepels sojasaus
- 2 eetlepels droge sherry
- 1 eetlepel water
- Snufje suiker
- 1 eetlepel maizena
- 2 eetlepels canola- of druivenpitolie
- 1 pond extra stevige tofu, uitgelekt en in blokjes gesneden
- 1 middelgrote ui, gehalveerd en in dunne plakjes gesneden
- 3 kopjes kleine broccoliroosjes
- 1 middelgrote wortel, in plakjes van $1/4$ inch gesneden
- 1 kop gesneden verse shiitake of witte champignons
- 2 teentjes knoflook, gehakt
- 2 theelepels geraspte verse gember
- 2 groene uien, gehakt

Kook de linguine, af en toe roerend, in ongeveer 10 minuten gaar in een grote pan met kokend gezouten water. Laat goed uitlekken en doe in een kom. Voeg 1 theelepel sesamolie toe en meng om te coaten. Opzij zetten.

Meng in een kleine kom de sojasaus, sherry, water, suiker en de resterende 2 theelepels sesamolie. Voeg de maïzena toe en roer om op te lossen. Opzij zetten.

Verhit in een grote koekenpan of wok 1 eetlepel canola op middelhoog vuur. Voeg de tofu toe en kook tot ze goudbruin zijn, ongeveer 10 minuten. Haal uit de pan en zet opzij.

Verwarm de resterende koolzaadolie opnieuw in dezelfde koekenpan. Voeg de ui, broccoli en wortel toe en roerbak tot ze zacht zijn, ongeveer 7 minuten. Voeg de champignons, knoflook, gember en groene uien toe en roerbak 2 minuten. Roer de saus en de gekookte linguine erdoor en meng goed. Kook tot het is opgewarmd. Proef, pas kruiden aan en voeg indien nodig meer sojasaus toe. Serveer onmiddellijk.

49. Padthai

Maakt 4 porties

- 12 ons gedroogde rijstnoedels
- $1/3$ kopje sojasaus
- 2 eetlepels vers limoensap
- 2 eetlepels lichtbruine suiker
- 1 eetlepel tamarindepasta (zie kopnoot)
- 1 eetlepel tomatenpuree
- 3 eetlepels water
- $1/2$ theelepel geplette rode peper
- 3 eetlepels canola- of druivenpitolie
- 1 pond extra stevige tofu, uitgelekt, geperst (zie Tofu) en in blokjes van $1/2$ inch gesneden
- 4 groene uien, gehakt
- 2 teentjes knoflook, gehakt
- $1/3$ kop grof gehakte droog geroosterde ongezouten pinda's
- 1 kopje taugé, voor garnering
- 1 limoen, in partjes gesneden, voor garnering

Week de noedels in een grote kom met heet water tot ze zacht zijn, 5 tot 15 minuten, afhankelijk van de dikte van de noedels. Laat goed uitlekken en spoel af onder koud water. Doe de uitgelekte noedels in een grote kom en zet opzij.

Meng in een kleine kom de sojasaus, limoensap, suiker, tamarindepasta, tomatenpuree, water en geplette rode peper. Roer om goed te mengen en zet opzij.

Verhit in een grote koekenpan of wok 2 eetlepels olie op middelhoog vuur. Voeg de tofu toe en roerbak tot ze goudbruin zijn, ongeveer 5 minuten. Doe over op een bord en zet opzij.

Verhit in dezelfde koekenpan of wok de resterende 1 eetlepel olie op middelhoog vuur. Voeg de ui toe en roerbak 1 minuut. Voeg de groene uien en knoflook toe, roerbak 30 seconden, voeg dan de gekookte tofu toe en bak ongeveer 5 minuten, af en toe roerend, tot ze goudbruin zijn. Voeg de gekookte noedels toe en meng om te combineren en door te verwarmen.

Roer de saus erdoor en kook, gooi om te coaten, voeg een scheutje of twee extra water toe, indien nodig d, om plakken te voorkomen. Als de noedels heet en zacht zijn, stapel ze dan op een serveerschaal en bestrooi ze met pinda's en koriander. Garneer met taugé en partjes limoen aan de zijkant van het bord. Heet opdienen.

50. Dronken spaghetti met tofu

Maakt 4 porties

- 12 ons spagetti
- 3 eetlepels sojasaus
- 1 eetlepel vegetarische oestersaus (optioneel)
- 1 theelepel lichtbruine suiker
- 8 ons extra stevige tofu, uitgelekt en geperst (zie Tofu)
- 2 eetlepels canola- of druivenpitolie
- 1 middelgrote rode ui, dun gesneden
- 1 middelgrote rode paprika, in dunne plakjes gesneden
- 1 kopje peultjes, bijgesneden
- 2 teentjes knoflook, gehakt
- $1/2$ theelepel geplette rode peper
- 1 kopje verse Thaise basilicumblaadjes

Kook de spaghetti in een pan met kokend gezouten water op middelhoog vuur, af en toe roerend, tot hij al dente is, ongeveer 8 minuten. Laat goed uitlekken en doe in een grote kom. Meng in een kleine kom de sojasaus, oestersaus, indien gebruikt, en suiker. Meng goed, giet dan op de gereserveerde spaghetti en meng om te coaten. Opzij zetten.

Snijd de tofu in reepjes van $1/2$-inch. Verhit in een grote koekenpan of wok 1 eetlepel olie op middelhoog vuur. Voeg de tofu toe en kook tot ze goudbruin zijn, ongeveer 5 minuten. Haal uit de pan en zet opzij.

Zet de koekenpan terug op het vuur en voeg de resterende 1 eetlepel koolzaadolie toe. Voeg de ui, paprika, peultjes, knoflook en geplette rode peper toe. Roerbak tot de groenten zacht zijn, ongeveer 5 minuten. Voeg het gekookte spaghetti- en sausmengsel, de gekookte tofu en de basilicum toe en roerbak tot het heet is, ongeveer 4 minuten.

TEMP

51. Spaghetti in Carbonara-stijl

Maakt 4 porties

- 2 eetlepels olijfolie
- 3 middelgrote sjalotjes, fijngehakt
- 4 ons tempeh bacon, zelfgemaakt (zie Tempeh Bacon) of in de winkel gekocht, gehakt
- 1 kopje gewone ongezoete sojamelk
- $1/2$ kop zachte of zijden tofu, uitgelekt
- $1/4$ kopje voedingsgist
- Zout en versgemalen zwarte peper
- Spaghetti van 1 pond
- 3 eetlepels gehakte verse peterselie

Verhit de olie in een grote koekenpan op middelhoog vuur. Voeg de sjalotten toe en kook tot ze zacht zijn, ongeveer 5 minuten. Voeg het tempeh-bacon toe en kook, onder regelmatig roeren, tot het lichtbruin is, ongeveer 5 minuten. Opzij zetten.

Combineer de sojamelk, tofu, edelgistvlokken en zout en peper naar smaak in een blender. Mixen tot een gladde substantie. Opzij zetten.

Kook de spaghetti in een grote pan met kokend gezouten water op middelhoog vuur, af en toe roerend, tot hij al dente is, ongeveer 10 minuten. Laat goed uitlekken en doe in een grote serveerschaal. Voeg het tofu-mengsel, $1/4$ kopje Parmezaanse kaas en alles behalve 2 eetlepels van het tempeh-baconmengsel toe.

Gooi voorzichtig om te combineren en te proeven, pas indien nodig kruiden aan en voeg een beetje meer sojamelk toe als het te droog is. Werk af met verschillende soorten peper, de resterende tempeh-bacon, de resterende Parmezaanse kaas en peterselie. Serveer onmiddellijk.

51. Tempeh en Groente Roerbak

Maakt 4 porties

- 10 ons tempé
- Zout en versgemalen zwarte peper
- 2 theelepels maizena
- 4 kopjes kleine broccoliroosjes
- 2 eetlepels canola- of druivenpitolie
- 2 eetlepels sojasaus
- 2 eetlepels water
- 1 eetlepel mirin
- $1/2$ theelepel geplette rode peper
- 2 theelepels geroosterde sesamolie
- 1 middelgrote rode paprika, in plakjes van $1/2$ inch gesneden
- 6 ons witte champignons, licht afgespoeld, drooggedept en in plakjes van $1/2$ inch gesneden
- 2 teentjes knoflook, gehakt
- 3 eetlepels gehakte groene uien
- 1 theelepel geraspte verse gember

Kook de tempeh in een middelgrote pan met kokend water gedurende 30 minuten. Giet af, dep droog en zet opzij om af te koelen. Snijd de tempeh in blokjes van $1/2$-inch en doe ze in een ondiepe kom. Breng op smaak met zout en zwarte peper, bestrooi met de maïzena en hussel door elkaar. Opzij zetten.

Stoom de broccoli lichtjes tot ze bijna gaar zijn, ongeveer 5 minuten. Spoel af onder koud water om het kookproces te stoppen en de felgroene kleur te behouden. Opzij zetten.

Verhit in een grote koekenpan of wok 1 eetlepel canola-olie op middelhoog vuur. Voeg de tempeh toe en roerbak in ongeveer 5 minuten goudbruin. Haal uit de pan en zet opzij.

Meng in een kleine kom de sojasaus, het water, de mirin, de geplette rode peper en de sesamolie. Opzij zetten.

Verwarm dezelfde koekenpan opnieuw op middelhoog vuur. Voeg de resterende 1 eetlepel koolzaadolie toe. Voeg de paprika en champignons toe en roerbak tot ze zacht zijn, ongeveer 3 minuten. Voeg de knoflook, groene uien en gember toe en roerbak 1 minuut. Voeg de gestoomde broccoli en gebakken tempeh toe en roerbak 1 minuut. Roer het sojasausmengsel erdoor en roerbak tot de tempeh en groenten heet zijn en goed bedekt met de saus. Serveer onmiddellijk.

52. Teriyaki Tempeh

Maakt 4 porties

- 1 pond tempeh, in plakjes van $1/4$ inch gesneden
- $1/4$ kop vers citroensap
- 1 theelepel gehakte knoflook
- 2 eetlepels gehakte groene uien
- 2 theelepels geraspte verse gember
- 1 eetlepel suiker
- 2 eetlepels geroosterde sesamolie
- 1 eetlepel maizena
- 2 eetlepels water
- 2 eetlepels canola- of druivenpitolie

Kook de tempeh in een middelgrote pan met kokend water gedurende 30 minuten. Giet af en doe in een grote ondiepe schaal. Meng in een kleine kom de sojasaus, citroensap, knoflook, groene uien, gember, suiker, sesamolie, maizena en water. Meng goed en giet de marinade over de gekookte tempeh, zodat het een laagje wordt. Marineer de tempeh gedurende 1 uur.

Verhit de koolzaadolie in een grote koekenpan op middelhoog vuur. Haal de tempeh uit de marinade en bewaar de marinade. Voeg de tempeh toe aan de hete koekenpan en bak aan beide kanten goudbruin, ongeveer 4 minuten per kant. Voeg de gereserveerde marinade toe en laat sudderen tot de vloeistof dikker wordt, ongeveer 8 minuten. Serveer onmiddellijk.

53. Geroosterde Tempeh

Maakt 4 porties

- 1 pond tempeh, in repen van 5 cm gesneden
- 2 eetlepels olijfolie
- 1 middelgrote ui, gehakt
- 1 middelgrote rode paprika, gehakt
- 2 teentjes knoflook, gehakt
- (14,5-ounce) kan geplette tomaten
- 2 eetlepels donkere melasse
- 2 eetlepels appelazijn
- eetlepel sojasaus
- 2 theelepels pittige bruine mosterd
- 1 eetlepel suiker
- $1/2$ theelepel zout
- $1/4$ theelepel gemalen piment
- $1/4$ theelepel gemalen cayennepeper

Kook de tempeh in een middelgrote pan met kokend water gedurende 30 minuten. Giet af en zet opzij.

Verhit in een grote pan 1 eetlepel olie op middelhoog vuur. Voeg de ui, paprika en knoflook toe. Dek af en kook tot ze zacht zijn, ongeveer 5 minuten. Roer de tomaten, melasse, azijn, sojasaus, mosterd, suiker, zout, piment en cayennepeper erdoor en breng aan de kook. Zet het vuur laag en laat het zonder deksel 20 minuten sudderen.

Verhit in een grote koekenpan de resterende 1 eetlepel olie op middelhoog vuur. Voeg de tempeh toe en bak tot ze goudbruin zijn, een keer draaien, ongeveer 10 minuten. Voeg genoeg van de saus toe om de tempeh royaal te bedekken. Dek af en laat sudderen om de smaken te mengen, ongeveer 15 minuten. Serveer onmiddellijk.

54. Sinaasappel-Bourbon Tempeh

Maakt 4 tot 6 porties

- 2 kopjes water
- $1/2$ kopje sojasaus
- dunne plakjes verse gember
- 2 teentjes knoflook, in plakjes
- 1 pond tempeh, in dunne plakjes gesneden
- Zout en versgemalen zwarte peper
- $1/4$ kopje canola- of druivenpitolie
- 1 eetlepel lichtbruine suiker
- $1/8$ theelepel gemalen piment
- $1/3$ kop vers sinaasappelsap
- $1/4$ kop bourbon of 5 sinaasappelschijfjes, gehalveerd
- 1 eetlepel maïzena gemengd met 2 eetlepels water

Meng in een grote pan het water, de sojasaus, de gember, de knoflook en de sinaasappelschil. Doe de tempeh in de marinade en breng aan de kook. Zet het vuur laag en laat 30 minuten sudderen. Haal de tempeh uit de marinade en bewaar de marinade. Bestrooi de tempeh met zout en peper naar smaak. Doe de bloem in een ondiepe kom. Haal de gekookte tempeh door de bloem en zet opzij.

Verhit de olie in een grote koekenpan op middelhoog vuur. Voeg de tempeh toe, indien nodig in porties, en bak tot ze aan beide kanten bruin zijn, ongeveer 4 minuten per kant. Roer geleidelijk de bewaarde marinade erdoor. Voeg de suiker, piment, sinaasappelsap en bourbon toe. Garneer de tempeh met de stukjes sinaasappel. Dek af en laat sudderen tot de saus stroperig is en de smaken zijn versmolten, ongeveer 20 minuten.

Gebruik een schuimspaan of spatel om de tempeh uit de pan te halen en over te brengen op een serveerschaal. Blijf warm. Voeg het maizenamengsel toe aan de saus en kook, al roerend, om in te dikken. Zet het vuur laag en laat sudderen, onafgedekt, onder voortdurend roeren, tot de saus is ingedikt. Lepel de saus over de tempeh en serveer direct.

55. Tempeh en zoete aardappelen

Maakt 4 porties

- 1 pond tempé
- 2 eetlepels sojasaus
- 1 theelepel gemalen koriander
- $1/2$ theelepel kurkuma
- 2 eetlepels olijfolie
- 3 grote sjalotten, gesnipperd
- 1 of 2 middelgrote zoete aardappelen, geschild en in blokjes van $1/2$ inch gesneden
- 2 theelepels geraspte verse gember
- 1 kopje ananassap
- 2 theelepels lichtbruine suiker
- Sap van 1 limoen

Kook de tempeh in een middelgrote pan met kokend water gedurende 30 minuten. Breng het over naar een ondiepe kom. Voeg 2 eetlepels van de sojasaus, koriander en kurkuma toe en meng om te coaten. Opzij zetten.

Verhit in een grote koekenpan 1 eetlepel olie op middelhoog vuur. Voeg de tempeh toe en bak aan beide kanten bruin, ongeveer 4 minuten per kant. Haal uit de pan en zet opzij.

Verhit in dezelfde koekenpan de resterende 2 eetlepels olie op middelhoog vuur. Voeg de sjalotten en zoete aardappelen toe. Dek af en kook tot ze lichtjes zacht en lichtbruin zijn, ongeveer 10 minuten. Roer de gember, het ananassap, de resterende 1 eetlepel sojasaus en de suiker erdoor en roer om te combineren. Zet het vuur laag, voeg de gekookte tempeh toe, dek af en kook tot de aardappelen zacht zijn, ongeveer 10 minuten. Doe de tempeh en zoete aardappelen in een serveerschaal en houd warm. Roer het limoensap door de saus en laat 1 minuut sudderen om de smaken te mengen. Sprenkel de saus over de tempeh en serveer direct.

56. Creoolse Tempeh

Maakt 4 tot 6 porties

- 1 pond tempeh, in plakjes van $1/4$ inch gesneden
- $1/4$ kopje sojasaus
- 2 eetlepels Creoolse kruiden
- $1/2$ kopje bloem voor alle doeleinden
- 2 eetlepels olijfolie
- 1 middelgrote zoete gele ui, gehakt
- 2 stengels bleekselderij, fijngesneden
- 1 middelgrote groene paprika, gehakt
- 3 teentjes knoflook, gehakt
- 1 (14,5-ounce) blik tomatenblokjes, uitgelekt
- 1 theelepel gedroogde tijm
- $1/2$ kop droge witte wijn
- Zout en versgemalen zwarte peper

Doe de tempeh in een grote pan met voldoende water om onder te staan. Voeg de sojasaus en 1 eetlepel Creoolse kruiden toe. Dek af en laat 30 minuten sudderen. Haal de tempeh uit het vocht en zet apart, bewaar het vocht.

Meng in een ondiepe kom de bloem met de resterende 2 eetlepels Creoolse kruiden en meng goed. Bagger de tempeh in het bloemmengsel en bedek goed. Verhit in een grote koekenpan 1 eetlepel olie op middelhoog vuur. Voeg de gebaggerde tempeh toe en bak tot ze aan beide kanten bruin zijn, ongeveer 4 minuten per kant. Haal de tempeh uit de pan en zet opzij.

Verhit in dezelfde koekenpan de resterende 1 eetlepel olie op middelhoog vuur. Voeg de ui, bleekselderij, paprika en knoflook toe. Dek af en kook tot de groenten zacht zijn, ongeveer 10 minuten. Roer de tomaten erdoor en voeg de tempeh weer toe aan de pan samen met de tijm, wijn en 1 kopje van het achtergehouden suddervocht. Breng op smaak met zout en peper. Breng aan de kook en kook, onafgedekt, ongeveer 30 minuten om de vloeistof te verminderen en de smaken te mengen. Serveer onmiddellijk.

57. Tempeh Met Citroen En Kappertjes

Maakt 4 tot 6 porties

- plakjes van $1/4$ inch gesneden
- $1/2$ kopje sojasaus
- $1/2$ kopje bloem voor alle doeleinden
- Zout en versgemalen zwarte peper
- 2 eetlepels olijfolie
- 2 middelgrote sjalotjes, fijngehakt
- 2 teentjes knoflook, gehakt
- 2 eetlepels kappertjes
- $1/2$ kop droge witte wijn
- $1/2$ kopje groentebouillon, zelfgemaakt (zie Lichte groentebouillon) of uit de winkel
- 2 eetlepels veganistische margarine
- Sap van 1 citroen
- 2 eetlepels gehakte verse peterselie

Doe de tempeh in een grote pan met voldoende water om onder te staan. Voeg de sojasaus toe en laat 30 minuten sudderen. Haal de tempeh uit de pan en zet apart om af te koelen. Meng in een ondiepe kom de bloem en zout en peper naar smaak. Bagger de tempeh in het bloemmengsel en bedek beide kanten. Opzij zetten.

Verhit in een grote koekenpan 2 eetlepels olie op middelhoog vuur. Voeg de tempeh toe, indien nodig in porties, en bak tot ze aan beide kanten bruin zijn, in totaal ongeveer 8 minuten. Haal de tempeh uit de pan en zet opzij.

Verhit in dezelfde koekenpan de resterende 1 eetlepel olie op middelhoog vuur. Voeg de sjalotten toe en bak ongeveer 2 minuten. Voeg de knoflook toe en roer de kappertjes, wijn en bouillon erdoor. Doe de tempeh terug in de pan en laat 6 tot 8 minuten sudderen. Roer de margarine, het citroensap en de peterselie erdoor en roer om de margarine te laten smelten. Serveer onmiddellijk.

58. Tempeh met esdoorn en balsamico glazuur

Maakt 4 porties

- 1 pond tempeh, in repen van 5 cm gesneden
- 2 eetlepels balsamicoazijn
- 2 eetlepels pure ahornsiroop
- 1 $\frac{1}{2}$ eetlepels pittige bruine mosterd
- 1 theelepel Tabasco-saus
- 1 eetlepel olijfolie
- 2 teentjes knoflook, gehakt
- $\frac{1}{2}$ kopje groentebouillon, zelfgemaakt (zie Lichte groentebouillon) of uit de winkel Zout en versgemalen zwarte peper

Kook de tempeh in een middelgrote pan met kokend water gedurende 30 minuten. Giet af en dep droog.

Meng in een kleine kom de azijn, ahornsiroop, mosterd en tabasco. Opzij zetten.

Verhit de olie in een grote koekenpan op middelhoog vuur. Voeg de tempeh toe en bak tot ze aan beide kanten bruin zijn, één keer draaien, ongeveer 4 minuten per kant. Voeg de knoflook toe en kook 30 seconden langer.

Roer de bouillon erdoor en zout en peper naar smaak. Verhoog het vuur tot middelhoog en kook, onafgedekt, gedurende ongeveer 3 minuten, of tot de vloeistof bijna is verdampt.

Voeg het gereserveerde mosterdmengsel toe en kook 1 tot 2 minuten, draai de tempeh om zodat deze bedekt is met de saus en mooi glaceert. Pas op dat u niet verbrandt. Serveer onmiddellijk.

59. Verleidelijke Tempeh Chili

Maakt 4 tot 6 porties

- 1 pond tempé
- 1 eetlepel olijfolie
- 1 middelgrote gele ui, gehakt
- 1 middelgrote groene paprika, gehakt
- 2 teentjes knoflook, gehakt
- eetlepels chilipoeder
- 1 theelepel gedroogde oregano
- 1 theelepel gemalen komijn
- (28-ounce) kan geplette tomaten
- $1/2$ kopje water, plus meer indien nodig
- 1 $1/2$ kopjes gekookt of 1 (15,5-ounce) blik pintobonen, uitgelekt en gespoeld
- 1 (4-ounce) kan gehakte milde groene pepers, uitgelekt
- Zout en versgemalen zwarte peper
- 2 eetlepels gehakte verse koriander

Kook de tempeh in een middelgrote pan met kokend water gedurende 30 minuten. Giet af en laat afkoelen, hak ze fijn en zet opzij.

Verhit de olie in een grote pan. Voeg de ui, paprika en knoflook toe, dek af en kook tot ze zacht zijn, ongeveer 5 minuten. Voeg de tempeh toe en kook, onafgedekt, tot ze goudbruin zijn, ongeveer 5 minuten. Voeg de chilipoeder, oregano en komijn toe. Roer de tomaten, het water, de bonen en de pepers erdoor. Breng op smaak met zout en zwarte peper. Meng goed om te combineren.

Breng aan de kook, zet het vuur laag, dek af en laat 45 minuten sudderen, af en toe roerend, voeg indien nodig wat meer water toe.

Bestrooi met koriander en serveer direct.

60. Tempeh Cacciatore

Maakt 4 tot 6 porties

- 1 pond tempeh, in dunne plakjes gesneden
- 2 eetlepels canola- of druivenpitolie
- 1 middelgrote rode ui, in blokjes van $1/2$ inch gesneden
- middelgrote rode paprika, in blokjes van $1/2$ inch gesneden
- middelgrote wortel, in plakjes van $1/4$ inch gesneden
- 2 teentjes knoflook, gehakt
- 1 (28-ounce) blik tomatenblokjes, uitgelekt
- $1/4$ kop droge witte wijn
- 1 theelepel gedroogde oregano
- 1 theelepel gedroogde basilicum
- Zout en versgemalen zwarte peper

Kook de tempeh in een middelgrote pan met kokend water gedurende 30 minuten. Giet af en dep droog.

Verhit in een grote koekenpan 1 eetlepel olie op middelhoog vuur. Voeg de tempeh toe en kook tot ze aan beide kanten bruin zijn, in totaal 8 tot 10 minuten. Haal uit de pan en zet opzij.

Verhit in dezelfde koekenpan de resterende 1 eetlepel olie op middelhoog vuur. Voeg de ui, paprika, wortel en knoflook toe. Dek af en kook tot ze zacht zijn, ongeveer 5 minuten. Voeg de tomaten, wijn, oregano, basilicum en zout en zwarte peper naar smaak toe en breng aan de kook. Zet het vuur laag, voeg de gereserveerde tempeh toe en laat onafgedekt sudderen tot de groenten zacht zijn en de smaken goed gecombineerd zijn, ongeveer 30 minuten. Serveer onmiddellijk.

61. Indonesische Tempeh In Kokosjus

Maakt 4 tot 6 porties

- 1 pond tempeh, in plakjes van $1/4$ inch gesneden
- 2 eetlepels canola- of druivenpitolie
- 1 middelgrote gele ui, gehakt
- 3 teentjes knoflook, fijngehakt
- 1 middelgrote rode paprika, gehakt
- 1 middelgrote groene paprika, gehakt
- 1 of 2 kleine Serrano of andere verse hete chilipepers, zonder zaadjes en fijngehakt
- 1 (14,5-ounce) blik tomatenblokjes, uitgelekt
- 1 (13,5-ounce) kan ongezoete kokosmelk
- Zout en versgemalen zwarte peper
- $1/2$ kopje ongezouten geroosterde pinda's, gemalen of geplet, voor garnering
- 2 eetlepels gehakte verse koriander, voor garnering

Kook de tempeh in een middelgrote pan met kokend water gedurende 30 minuten. Giet af en dep droog.

Verhit in een grote koekenpan 1 eetlepel olie op middelhoog vuur. Voeg de tempeh toe en bak deze aan beide kanten goudbruin in ongeveer 10 minuten. Haal uit de pan en zet opzij.

Verhit in dezelfde koekenpan de resterende 1 eetlepel olie op middelhoog vuur. Voeg de ui, knoflook, rode en groene paprika en chilipepers toe. Dek af en kook tot ze zacht zijn, ongeveer 5 minuten. Roer de tomaten en kokosmelk erdoor. Zet het vuur laag, voeg de gereserveerde tempeh toe, breng op smaak met zout en peper en laat onafgedekt ongeveer 30 minuten sudderen tot de saus iets is ingekookt. Bestrooi met pinda's en koriander en serveer direct.

62. Gember-Pinda Tempeh

Maakt 4 porties

- 1 pond tempeh, in blokjes van $1/2$ inch gesneden
- 2 eetlepels canola- of druivenpitolie
- middelgrote rode paprika, in blokjes van $1/2$ inch gesneden
- 3 teentjes knoflook, fijngehakt
- klein bosje groene uien, gehakt
- 2 eetlepels geraspte verse gember
- 2 eetlepels sojasaus
- 1 eetlepel suiker
- $1/4$ theelepel geplette rode peper
- 1 eetlepel maizena
- 1 kopje water
- 1 kopje geplette ongezouten geroosterde pinda's
- 2 eetlepels gehakte verse koriander

Kook de tempeh in een middelgrote pan met kokend water gedurende 30 minuten. Giet af en dep droog. Verhit de olie in een grote koekenpan of wok op middelhoog vuur. Voeg de tempeh toe en bak tot ze lichtbruin zijn, ongeveer 8 minuten. Voeg de paprika toe en roerbak tot ze zacht zijn, ongeveer 5 minuten. Voeg de knoflook, groene uien en gember toe en roerbak tot geurig, 1 minuut.

Meng in een kleine kom de sojasaus, suiker, geplette rode peper, maizena en water. Meng goed en giet dan in de koekenpan. Kook, al roerend, gedurende 5 minuten, tot een beetje ingedikt. Roer de pinda's en koriander erdoor. Serveer onmiddellijk.

63. Tempeh Met Aardappelen En Kool

Maakt 4 porties

- 1 pond tempeh, in blokjes van $1/2$ inch gesneden
- 2 eetlepels canola- of druivenpitolie
- 1 middelgrote gele ui, gehakt
- 1 middelgrote wortel, gehakt
- 1 $1/2$ eetlepels zoete Hongaarse paprika
- 2 middelgrote roodbruine aardappelen, geschild en in blokjes van $1/2$ inch gesneden
- 3 kopjes geraspte kool
- 1 (14,5-ounce) blik tomatenblokjes, uitgelekt
- $1/4$ kop droge witte wijn
- 1 kopje groentebouillon, zelfgemaakt (zie Lichte groentebouillon) of uit de winkel. Zout en versgemalen zwarte peper
- $1/2$ kopje veganistische zure room, zelfgemaakt (zie Tofu Sour Cream) of uit de winkel gekocht (optioneel)

Kook de tempeh in een middelgrote pan met kokend water gedurende 30 minuten. Giet af en dep droog.

Verhit in een grote koekenpan 1 eetlepel olie op middelhoog vuur. Voeg de tempeh toe en bak deze aan beide kanten goudbruin in ongeveer 10 minuten. Verwijder de tempeh en zet opzij.

Verhit in dezelfde koekenpan de resterende 1 eetlepel olie op middelhoog vuur. Voeg de ui en wortel toe, dek af en kook tot ze zacht zijn, ongeveer 10 minuten. Roer de paprika, aardappelen, kool, tomaten, wijn en bouillon erdoor en breng aan de kook. Breng op smaak met peper en zout

Zet het vuur laag tot medium, voeg de tempeh toe en laat het zonder deksel 30 minuten sudderen, of tot de groenten zacht zijn en de smaken zijn gemengd. Klop de zure room erdoor, indien gebruikt, en serveer onmiddellijk.

64. Zuidelijke Succotash-stoofpot

Maakt 4 porties

- 10 ons tempé
- 2 eetlepels olijfolie
- 1 grote zoete gele ui, fijngehakt
- 2 middelgrote roodbruine aardappelen, geschild en in blokjes van $1/2$ inch gesneden
- 1 (14,5-ounce) blik tomatenblokjes, uitgelekt
- 1 (16-ounce) pakket bevroren succotash
- 2 kopjes groentebouillon, zelfgemaakt (zie Lichte groentebouillon) of uit de winkel, of water
- 2 eetlepels sojasaus
- 1 theelepel droge mosterd
- 1 theelepel suiker
- $1/2$ theelepel gedroogde tijm
- $1/2$ theelepel gemalen piment
- $1/4$ theelepel gemalen cayennepeper
- Zout en versgemalen zwarte peper

Kook de tempeh in een middelgrote pan met kokend water gedurende 30 minuten. Giet af, dep droog en snijd in blokjes van 1 inch.

Verhit in een grote koekenpan 1 eetlepel olie op middelhoog vuur. Voeg de tempeh toe en bak tot ze aan beide kanten bruin zijn, ongeveer 10 minuten. Opzij zetten.

Verhit in een grote pan de resterende 1 eetlepel olie op middelhoog vuur. Voeg de ui toe en kook tot ze zacht zijn, 5 minuten. Voeg de aardappelen, wortelen, tomaten, succotash, bouillon, sojasaus, mosterd, suiker, tijm, piment en cayennepeper toe. Breng op smaak met zout en peper. Breng aan de kook, zet het vuur laag en voeg de tempeh toe. Laat sudderen, afgedekt, tot de groenten gaar zijn, af en toe roerend, ongeveer 45 minuten.

Roer ongeveer 10 minuten voordat de stoofpot gaar is de vloeibare rook erdoor. Proef, kruid eventueel bij

Serveer onmiddellijk.

65. Gebakken Jambalaya-braadpan

Maakt 4 porties

- 10 ons tempé
- 2 eetlepels olijfolie
- 1 middelgrote gele ui, gehakt
- 1 middelgrote groene paprika, gehakt
- 2 teentjes knoflook, gehakt
- 1 (28-ounce) blik tomatenblokjes, ongedraineerd
- $^1/_2$ kop witte rijst
- 1 $^1/_2$ kopjes groentebouillon, zelfgemaakt (zie Lichte groentebouillon) of uit de winkel gekocht, of water
- 1 $^1/_2$ kopjes gekookt of 1 (15,5-ounce) blik donkerrode bruine bonen, uitgelekt en gespoeld
- 1 eetlepel gehakte verse peterselie
- 1 $^1/_2$ theelepels cajunkruiden
- 1 theelepel gedroogde tijm
- $^1/_2$ theelepel zout
- $^1/_4$ theelepel versgemalen zwarte peper

Kook de tempeh in een middelgrote pan met kokend water gedurende 30 minuten. Giet af en dep droog. Snijd in dobbelstenen van $^1/_2$-inch. Verwarm de oven voor op 350 ° F.

Verhit in een grote koekenpan 1 eetlepel olie op middelhoog vuur. Voeg de tempeh toe en bak tot ze aan beide kanten bruin zijn, ongeveer 8 minuten. Breng de tempeh over in een ovenschaal van 9 x 13 inch en zet apart.

Verhit in dezelfde koekenpan de resterende 1 eetlepel olie op middelhoog vuur. Voeg de ui, paprika en knoflook toe. Dek af en kook tot de groenten zacht zijn, ongeveer 7 minuten.

Voeg het groentemengsel toe aan de ovenschaal met de tempeh. Roer de tomaten met het vocht erdoor, de rijst, bouillon, kidneybonen, peterselie, cajunkruiden, tijm, zout en zwarte peper. Meng goed, dek het goed af en bak tot de rijst zacht is, ongeveer 1 uur. Serveer onmiddellijk.

66. Tempeh en zoete aardappeltaart

Maakt 4 porties

- 8 ons tempé
- 3 middelgrote zoete aardappelen, geschild en in blokjes van $1/2$ inch gesneden
- 2 eetlepels veganistische margarine
- $1/4$ kopje gewone ongezoete sojamelk
- Zout en versgemalen zwarte peper
- 2 eetlepels olijfolie
- 1 middelgrote gele ui, fijngehakt
- 2 middelgrote wortels, gehakt
- 1 kopje bevroren erwten, ontdooid
- 1 kopje bevroren maïskorrels, ontdooid
- $1 \ 1/2$ kopjes Champignonsaus
- $1/2$ theelepel gedroogde tijm

Kook de tempeh in een middelgrote pan met kokend water gedurende 30 minuten. Giet af en dep droog. Hak de tempeh fijn en zet apart.

Stoom de zoete aardappelen gaar, ongeveer 20 minuten. Verwarm de oven voor op 350 ° F. Pureer de zoete aardappelen met de margarine, sojamelk en zout en peper naar smaak. Opzij zetten.

Verhit in een grote koekenpan 1 eetlepel olie op middelhoog vuur. Voeg de ui en wortels toe, dek af en kook tot ze zacht zijn, ongeveer 10 minuten. Breng over naar een 10-inch bakvorm.

Verhit in dezelfde koekenpan de resterende 1 eetlepel olie op middelhoog vuur. Voeg de tempeh toe en bak tot ze aan beide kanten bruin zijn, 8 tot 10 minuten. Voeg de tempeh toe aan de bakvorm met de ui en wortelen. Roer de erwten, maïs en champignonsaus erdoor. Voeg de tijm toe en zout en peper naar smaak. Roer om te combineren.

Verdeel de aardappelpuree erover en gebruik een spatel om gelijkmatig over de randen van de pan te verdelen. Bak tot de aardappelen lichtbruin zijn en de vulling heet is, ongeveer 40 minuten. Serveer onmiddellijk.

67. Aubergine en Tempeh Gevulde Pasta

Maakt 4 porties

- 8 ons tempé
- 1 middelgrote aubergine
- 12 grote pastaschelpen
- 1 teentje knoflook, geperst
- $1/4$ theelepel gemalen cayennepeper
- Zout en versgemalen zwarte peper
- Droog ongekruid broodkruim
- 3 kopjes marinarasaus, zelfgemaakt (zie Marinarasaus) of in de winkel gekocht

Kook de tempeh in een middelgrote pan met kokend water gedurende 30 minuten. Giet af en zet opzij om af te koelen.

Verwarm de oven voor op 450°F. Prik de aubergine in met een vork en bak op een licht geoliede bakplaat tot ze zacht is, ongeveer 45 minuten.

Terwijl de aubergine aan het bakken is, kook je de pastaschelpen in een pan met kokend gezouten water, af en toe roerend, tot ze al dente zijn, ongeveer 7 minuten. Giet af en laat schrikken onder koud water. Opzij zetten.

Haal de aubergine uit de oven, halveer in de lengte en giet eventueel vocht af. Verlaag de oventemperatuur tot 350 ° F. Vet een bakblik van 9 x 13 inch licht in. Verwerk de knoflook in een keukenmachine tot fijngemalen. Voeg de tempeh toe en pulseer tot grof gemalen. Schraap het vruchtvlees van de aubergine uit de schil en doe dit samen met de tempeh en knoflook in de keukenmachine. Voeg de cayennepeper toe, breng op smaak met peper en zout en pulseer om te combineren. Als de vulling los zit, voeg dan wat paneermeel toe.

Verdeel een laagje tomatensaus over de bodem van de ingevette ovenschaal. Vul de vulling in de schelpen tot ze goed verpakt zijn.

Leg de schelpen op de saus en giet de resterende saus over en rond de schelpen. Dek af met folie en bak tot het heet is, ongeveer 30 minuten. Dek af, bestrooi met de Parmezaanse kaas en bak 10 minuten langer. Serveer onmiddellijk.

68. Singaporenoedels met Tempeh

Maakt 4 porties

- blokjes van $1/2$ inch gesneden
- 8 ons rijstvermicelli
- 1 eetlepel geroosterde sesamolie
- 2 eetlepels canola- of druivenpitolie
- 4 eetlepels sojasaus
- $1/3$ kopje romige pindakaas
- $1/2$ kopje ongezoete kokosmelk
- $1/2$ kopje water
- 1 eetlepel vers citroensap
- 1 theelepel lichtbruine suiker
- $1/2$ theelepel gemalen cayennepeper
- 1 middelgrote rode paprika, gehakt
- 3 kopjes geraspte kool
- 3 teentjes knoflook
- 1 kopje gehakte groene uien
- 2 theelepels geraspte verse gember
- 1 kopje bevroren erwten, ontdooid
- Zout
- $1/4$ kop gehakte ongezouten geroosterde pinda's, voor garnering
- 2 eetlepels gehakte verse koriander, voor garnering

Kook de tempeh in een middelgrote pan met kokend water gedurende 30 minuten. Giet af en dep droog. Week de rijstvermicelli in een grote kom met heet water tot ze zacht zijn, ongeveer 5 minuten. Laat goed uitlekken, spoel af en doe in een grote kom. Meng met de sesamolie en zet opzij.

Verhit in een grote koekenpan 1 eetlepel canola-olie op middelhoog vuur. Voeg gekookte tempeh toe en bak tot ze aan alle kanten bruin zijn, voeg 1 eetlepel sojasaus toe om kleur en smaak toe te voegen. Haal de tempeh uit de pan en zet opzij.

Meng in een blender of keukenmachine de pindakaas, kokosmelk, water, citroensap, suiker, cayennepeper en de resterende 3 eetlepels sojasaus. Verwerk tot een gladde massa en zet opzij.

Verhit in een grote koekenpan de resterende 1 eetlepel koolzaadolie op middelhoog vuur. Voeg de paprika, kool, knoflook, groene uien en gember toe en kook, af en toe roerend, tot ze zacht zijn, ongeveer 10 minuten. Zet het vuur laag; roer de erwten, de gebruinde tempeh en de zachte noedels erdoor. Roer de saus erdoor, voeg zout naar smaak toe en laat sudderen tot het heet is.

Doe over in een grote serveerschaal, garneer met gehakte pinda's en koriander en serveer.

69. Tempeh Bacon

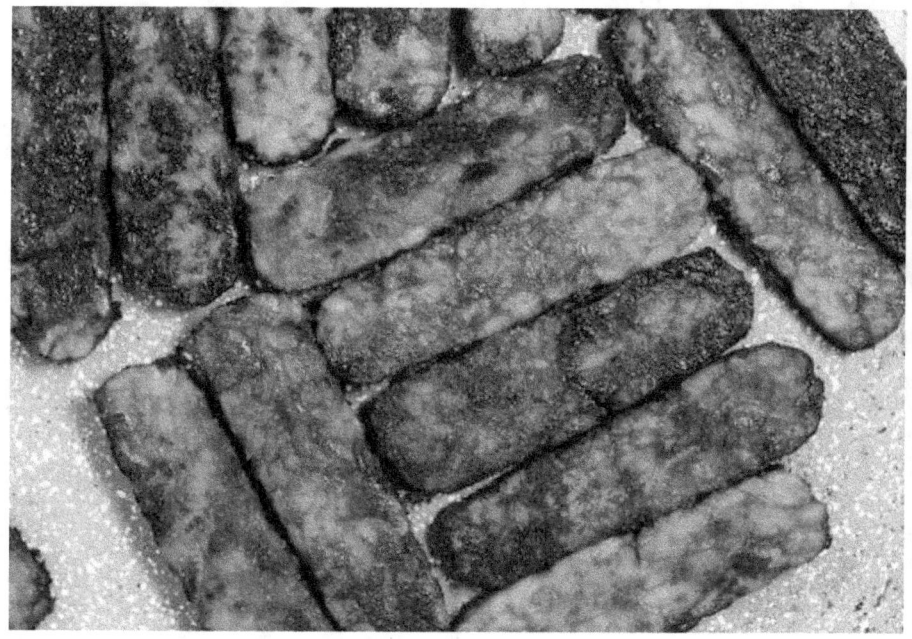

Maakt 4 porties

6 ons tempé
2 eetlepels canola- of druivenpitolie
2 eetlepels sojasaus
$1/2$ theelepel vloeibare rook

Kook de tempeh in een middelgrote pan met kokend water gedurende 30 minuten. Zet opzij om af te koelen, dep ze droog en snijd ze in reepjes van $1/8$ inch.

Verhit de olie in een grote koekenpan op middelhoog vuur. Voeg de plakjes tempeh toe en bak aan beide kanten bruin, ongeveer 3 minuten per kant. Besprenkel met de sojasaus en vloeibare rook, pas op dat u niet spettert. Draai de tempeh om. Heet opdienen.

70. Spaghetti en T-ballen

Maakt 4 porties

- 1 pond tempé
- 2 of 3 teentjes knoflook, fijngehakt
- 3 eetlepels fijngehakte verse peterselie
- 3 eetlepels sojasaus
- 1 eetlepel olijfolie, plus meer om te koken
- ¾ kopje verse broodkruimels
- $1/3$ kop tarweglutenmeel (vitale tarwegluten)
- 3 eetlepels voedingsgist
- $1/2$ theelepel gedroogde oregano
- $1/2$ theelepel zout
- $1/4$ theelepel versgemalen zwarte peper
- Spaghetti van 1 pond
- 3 kopjes marinarasaus, zelfgemaakt (zie links) of uit de winkel

Kook de tempeh in een middelgrote pan met kokend water gedurende 30 minuten. Laat goed uitlekken en snijd in blokjes.

Doe de gekookte tempeh in een keukenmachine, voeg de knoflook en peterselie toe en pulseer tot grof gemalen. Voeg de sojasaus, olijfolie, paneermeel, glutenmeel, gist, oregano, zout en zwarte peper toe en pulseer om te combineren, zodat er wat textuur overblijft. Schraap het tempehmengsel in een kom en kneed het mengsel met je handen tot het goed gemengd is, 1 tot 2 minuten. Gebruik je handen om het mengsel in kleine balletjes te rollen, niet groter dan 1 $1/2$ inch in diameter. Herhaal met het resterende tempeh-mengsel.

Verhit in een licht geoliede grote koekenpan een dunne laag olie op middelhoog vuur. Voeg de T-ballen toe, indien nodig in porties, en kook tot ze bruin zijn, verplaats ze indien nodig in de pan voor een gelijkmatige bruining, 15 tot 20 minuten. Je kunt de T-ballen ook op een met olie ingevette bakplaat leggen en 25 tot 30 minuten bakken op 350°F, waarbij je ze halverwege een keer omdraait.

Kook de spaghetti in een grote pan met kokend gezouten water op middelhoog vuur, af en toe roerend, tot hij al dente is, ongeveer 10 minuten.

Terwijl de spaghetti kookt, verwarm je de marinarasaus in een middelgrote pan op middelhoog vuur tot hij heet is.

Laat de pasta goed uitlekken en verdeel over 4 borden of ondiepe pastakommen. Bedek elke portie met een paar van de T-ballen. Lepel de saus over de T-Balls en spaghetti en dien heet op. Combineer alle overgebleven T-ballen en saus in een serveerschaal en serveer.

71. Paglia E Fieno met erwten

Maakt 4 porties

- $1/3$ kopje plus 1 eetlepel olijfolie
- 2 middelgrote sjalotten, fijngehakt
- $1/4$ kopje gehakte tempeh bacon, zelfgemaakt (zie Tempeh Bacon) of uit de winkel gekocht (optioneel)
- Zout en versgemalen zwarte peper
- 8 ons gewone of volkoren linguine
- 8 ons spinazie linguine
- Vegan Parmezaanse kaas of Parmasio

Verhit in een grote koekenpan 1 eetlepel olie op middelhoog vuur. Voeg de sjalotten toe en kook tot ze zacht zijn, ongeveer 5 minuten. Voeg de tempeh bacon toe, indien gebruikt, en bak tot het mooi bruin is. Roer de champignons erdoor en kook tot ze zacht zijn, ongeveer 5 minuten. Breng op smaak met zout en peper. Roer de erwten en de resterende $1/3$ kopje olie erdoor. Dek af en houd warm op zeer laag vuur.

Kook de linguine in een grote pan met kokend gezouten water op middelhoog vuur, af en toe roerend, in ongeveer 10 minuten beetgaar. Laat goed uitlekken en doe in een grote serveerschaal.

Voeg de saus toe, breng op smaak met zout en peper en bestrooi met Parmezaanse kaas. Gooi voorzichtig om te combineren en serveer onmiddellijk.

ZIT AAN

72. Basis gestoofde seitan

Maakt ongeveer 2 pond

seitan

- 1¾ kopjes tarweglutenmeel (vitale tarwegluten)
- ½ theelepel zout
- ½ theelepel uienpoeder
- ¼ theelepel zoete paprika
- 1 eetlepel olijfolie
- 2 eetlepels sojasaus
- 1 ⅔ kopjes koud water

Sudderende vloeistof:
- 2 liter water
- ½ kopje sojasaus
- 2 teentjes knoflook, geperst

Maak de seitan: combineer in een keukenmachine het tarweglutenmeel, de voedingsgist, het zout, het uienpoeder en de paprika. Puls om te mengen. Voeg de olie, sojasaus en water toe en kneed een minuut tot een deeg. Stort het mengsel op een licht met bloem bestoven werkvlak en kneed tot een gladde en elastische massa, ongeveer 2 minuten.

Maak de sudderende vloeistof: combineer in een grote pan het water, de sojasaus en de knoflook.

Verdeel het seitandeeg in 4 gelijke stukken en leg ze in de kokende vloeistof. Breng aan de kook op middelhoog vuur, zet het vuur laag tot middelhoog, dek af en laat zachtjes sudderen, af en toe draaiend, gedurende 1 uur. Zet het vuur uit en laat de seitan in het vocht afkoelen. Eenmaal afgekoeld, kan de seitan worden gebruikt in recepten of maximaal een week in de vloeistof in een goed afgesloten verpakking worden gekoeld of maximaal 3 maanden worden ingevroren.

73. Gevulde Gebakken Seitan Roast

Maakt 6 porties

- 1 recept Basis Gestoofde Seitan, ongekookt
- 1 eetlepel olijfolie
- 1 kleine gele ui, fijngehakt
- 1 selderijrib, fijngehakt
- $1/2$ theelepel gedroogde tijm
- $1/2$ theelepel gedroogde salie
- $1/2$ kopje water, of meer indien nodig
- Zout en versgemalen zwarte peper
- 2 kopjes verse broodblokjes
- $1/4$ kopje gehakte verse peterselie

Leg de rauwe seitan op een licht met bloem bestoven werkvlak en rek het uit met licht met bloem bestoven handen tot het plat en ongeveer $1/2$ inch dik is. Leg de platgedrukte seitan tussen twee vellen plastic folie of bakpapier. Gebruik een deegroller om het zo plat mogelijk te maken (het zal elastisch en resistent zijn). Bedek met een bakplaat die is verzwaard met een liter water of ingeblikte goederen en laat het rusten terwijl je de vulling maakt.

Verhit de olie in een grote koekenpan op middelhoog vuur. Voeg de ui en bleekselderij toe. Dek af en kook tot ze zacht zijn, 10 minuten. Roer de tijm, salie, water en peper en zout naar smaak erdoor. Haal van het vuur en zet opzij. Doe het brood en de peterselie in een grote mengkom. Voeg het uienmengsel toe en meng goed, voeg een beetje meer water toe als de vulling te droog is. Proef, kruid eventueel bij. indien nodig. Opzij zetten.

Verwarm de oven voor op 350 ° F. Vet een 9 x 13-inch bakvorm licht in en zet opzij. Rol de geplette seitan uit met een deegroller tot hij ongeveer $1/4$ inch dik is. Verdeel de vulling over het oppervlak van de seitan en rol het voorzichtig en gelijkmatig op. Leg de geroosterde naad naar beneden in de voorbereide bakvorm. Wrijf een beetje olie op de bovenkant en zijkanten van het gebraad en bak, afgedekt gedurende 45 minuten, dek af en bak tot het stevig en glanzend bruin is, ongeveer 15 minuten langer.

Haal uit de oven en zet 10 minuten opzij voordat je hem aansnijdt. Gebruik een gekarteld mes om het in plakjes van $1/2$ inch te snijden. Opmerking: Voor het gemakkelijkste snijden, maakt u het gebraad van tevoren en laat u het volledig afkoelen voordat u het aansnijdt. Snijd het gebraad geheel of gedeeltelijk in plakjes en verwarm het vervolgens 15 tot 20 minuten in de oven, goed afgedekt, voordat u het serveert.

74. Seitan Stoofvlees

Maakt 4 porties

- 1 recept Basis Gestoofde Seitan
- 2 eetlepels olijfolie
- 3 tot 4 middelgrote sjalotten, in de lengte gehalveerd
- 1 pond Yukon Gold-aardappelen, geschild en in stukjes van 5 cm gesneden
- $1/2$ theelepel gedroogd hartig
- $1/4$ theelepel gemalen salie
- Zout en versgemalen zwarte peper
- Mierikswortel, twee porties

Volg de aanwijzingen voor het maken van Basic Simmered Seitan, maar verdeel het seitandeeg voor het sudderen in 2 stukken in plaats van 4. Nadat de seitan 30 minuten in de bouillon is afgekoeld, haal je hem uit de pan en zet je hem opzij. Bewaar het kookvocht en gooi alle vaste stoffen weg. Bewaar 1 stuk seitan (ongeveer 1 pond) voor toekomstig gebruik door het in een kom te doen en het te bedekken met wat van het gereserveerde kookvocht. Dek af en zet in de koelkast tot het nodig is. Als je de seitan niet binnen 3 dagen gebruikt, laat hem dan volledig afkoelen, wikkel hem stevig in en vries hem in.

Verhit in een grote pan 1 eetlepel olie op middelhoog vuur. Voeg de sjalotten en wortels toe. Dek af en kook gedurende 5 minuten. Voeg de aardappelen, tijm, bonenkruid, salie en zout en peper naar smaak toe. Voeg $1 \ 1/2$ kopjes gereserveerd kookvocht toe en breng aan de kook. Zet het vuur laag en kook, afgedekt, gedurende 20 minuten.

Wrijf de gereserveerde seitan in met de resterende 1 eetlepel olie en de paprika. Leg de seitan op de sudderende groenten. Dek af en kook verder tot de groenten zacht zijn, nog ongeveer 20 minuten. Snijd de seitan in dunne plakjes en schik op een grote serveerschaal omringd door de gekookte groenten. Serveer onmiddellijk, met mierikswortel ernaast.

75. Thanksgiving-diner met bijna één gerecht

Maakt 6 porties

- 2 eetlepels olijfolie
- 1 kop fijngehakte ui
- 2 selderijribben, fijngehakt
- 2 kopjes gesneden witte champignons
- $^1/_2$ theelepel gedroogde tijm
- $^1/_2$ theelepel gedroogd hartig
- $^1/_2$ theelepel gemalen salie
- Snufje gemalen nootmuskaat
- Zout en versgemalen zwarte peper
- 2 kopjes verse broodblokjes
- 2 $^1/_2$ kopjes groentebouillon, zelfgemaakt (zie Lichte groentebouillon) of uit de winkel
- $^1/_3$ kopje gezoete gedroogde veenbessen
- 8 ons extra stevige tofu, uitgelekt en in plakjes van $^1/_4$ inch gesneden
- 8 ons seitan, zelfgemaakt of uit de winkel gekocht, heel dun gesneden
- 2 $^1/_2$ kopjes Basis Aardappelpuree
- 1 vel diepvriesbladerdeeg, ontdooid

Verwarm de oven voor op 400°F. Vet een vierkante ovenschaal van 10 inch licht in. Verhit de olie in een grote koekenpan op middelhoog vuur. Voeg de ui en bleekselderij toe. Dek af en kook tot ze zacht zijn, ongeveer 5 minuten. Roer de champignons, tijm, bonenkruid, salie, nootmuskaat en zout en peper naar smaak erdoor. Kook, onafgedekt, tot de champignons zacht zijn, ongeveer 3 minuten langer. Opzij zetten.

Combineer in een grote kom de broodblokjes met zoveel bouillon als nodig is om te bevochtigen (ongeveer

1 $^1/_2$ kopjes). Voeg het gekookte groentenmengsel, walnoten en veenbessen toe. Roer om goed te mengen en zet opzij.

Breng in dezelfde koekenpan de resterende 1 kop bouillon aan de kook, zet het vuur laag tot medium, voeg de tofu toe en laat onafgedekt sudderen tot de bouillon is opgenomen, ongeveer 10 minuten. Opzij zetten.

Verdeel de helft van de bereide vulling over de bodem van de voorbereide ovenschaal, gevolgd door de helft van de seitan, de helft van de tofu en de helft van de bruine saus. Herhaal laagjes met de resterende vulling , seitan, tofu, eendensaus.

76. Seitan Milanese met Panko en Citroen

Maakt 4 porties

- 2 kopjes panko
- $1/4$ kopje gehakte verse peterselie
- $1/2$ theelepel zout
- $1/4$ theelepel versgemalen zwarte peper
- 1 pond seitan, zelfgemaakt of in de winkel gekocht, snijd plakjes van $1/4$ inch
- 2 eetlepels olijfolie
- 1 citroen, in partjes gesneden

Verwarm de oven voor op 250°F. Meng in een grote kom de panko, peterselie, zout en peper. Bevochtig de seitan met een beetje water en bagger hem door het pankomengsel.

Verhit de olie in een grote koekenpan op middelhoog vuur. Voeg de seitan toe en kook, een keer draaien, tot ze goudbruin zijn, werk in porties, indien nodig. Leg de gekookte seitan op een bakplaat en houd warm in de oven terwijl je de rest bakt. Serveer onmiddellijk, met partjes citroen.

77. Seitan met sesamkorst

Maakt 4 porties

- $1/3$ kopje sesamzaadjes
- $1/3$ kopje bloem voor alle doeleinden
- $1/2$ theelepel zout
- $1/4$ theelepel versgemalen zwarte peper
- $1/2$ kopje gewone ongezoete sojamelk
- 1 pond seitan, zelfgemaakte of in de winkel gekochte seitan, in plakjes van $1/4$ inch gesneden
- 2 eetlepels olijfolie

Doe de sesamzaadjes in een droge koekenpan op middelhoog vuur en rooster tot ze licht goudbruin zijn, onder voortdurend roeren, 3 tot 4 minuten. Zet opzij om af te koelen en vermaal ze vervolgens in een keukenmachine of kruidenmolen.

Doe de gemalen sesamzaadjes in een ondiepe kom en voeg de bloem, zout en peper toe en meng goed. Doe de sojamelk in een ondiepe kom. Doop de seitan in de sojamelk en bagger hem daarna door het sesammengsel.

Verhit de olie in een grote koekenpan op middelhoog vuur. Voeg de seitan toe, eventueel in gedeelten, en bak tot ze knapperig en goudbruin zijn aan beide kanten, ongeveer 10 minuten. Serveer onmiddellijk.

78. Seitan met artisjokken en olijven

Maakt 4 porties

- 2 eetlepels olijfolie
- 1 pond seitan, zelfgemaakt of in de winkel gekocht, in plakjes van $1/4$ inch gesneden
- 2 teentjes knoflook, gehakt
- 1 (14,5-ounce) blik tomatenblokjes, uitgelekt
- 1 $1/2$ kopjes ingeblikte of ingevroren (gekookte) artisjokharten, in plakjes van $1/4$ inch gesneden
- 1 eetlepel kappertjes
- 2 eetlepels gehakte verse peterselie
- Zout en versgemalen zwarte peper
- 1 kop Tofu Feta (optioneel)

Verwarm de oven voor op 250°F. Verhit in een grote koekenpan 1 eetlepel olie op middelhoog vuur. Voeg de seitan toe en bak aan beide kanten bruin in ongeveer 5 minuten. Leg de seitan op een hittebestendig bord en houd warm in de oven.

Verhit in dezelfde koekenpan de resterende 1 eetlepel olie op middelhoog vuur. Voeg de knoflook toe en kook tot geurig, ongeveer 30 seconden. Voeg de tomaten, artisjokharten, olijven, kappertjes en peterselie toe. Breng op smaak met zout en peper en kook tot het heet is, ongeveer 5 minuten. Opzij zetten.

Leg de seitan op een serveerschaal, bedek met het groentemengsel en bestrooi met tofu feta, indien gebruikt. Serveer onmiddellijk.

79. Seitan Met Ancho-Chipotlesaus

Maakt 4 porties

- 2 eetlepels olijfolie
- 1 middelgrote ui, gehakt
- 2 middelgrote wortels, gehakt
- 2 teentjes knoflook, gehakt
- 1 (28-ounce) kan geplette vuurgeroosterde tomaten
- $1/2$ kopje groentebouillon, zelfgemaakt (zie Lichte groentebouillon) of uit de winkel
- 2 gedroogde anchopepers
- 1 gedroogde chipotle chili
- $1/2$ kopje gele maïsmeel
- $1/2$ theelepel zout
- $1/4$ theelepel versgemalen zwarte peper
- 1 pond seitan, zelfgemaakt of in de winkel gekocht, in plakjes van $1/4$ inch gesneden

Verhit in een grote pan 1 eetlepel olie op middelhoog vuur. Voeg de ui en wortels toe, dek af en kook gedurende 7 minuten. Voeg de knoflook toe en bak 1 minuut. Roer de tomaten, bouillon en de ancho en chipotle pepers erdoor. Laat 45 minuten sudderen, onafgedekt, giet de saus in een blender en mix tot een gladde massa. Doe terug in de pan en houd warm op zeer laag vuur.

Combineer de maïsmeel in een ondiepe kom met het zout en de peper. Bagger de seitan in het maïsmeelmengsel en verdeel gelijkmatig.

Verhit in een grote koekenpan de 2 resterende eetlepels olie op middelhoog vuur. Voeg de seitan toe en bak aan beide kanten bruin, ongeveer 8 minuten in totaal. Serveer direct met de chilisaus.

80. Seitan Piccata

Maakt 4 porties

- 1 pond seitan, zelfgemaakt of in de winkel gekocht, in plakjes van $1/4$ inch gesneden Zout en versgemalen zwarte peper
- $1/2$ kopje bloem voor alle doeleinden
- 2 eetlepels olijfolie
- 1 middelgrote sjalot, fijngehakt
- 2 teentjes knoflook, gehakt
- 2 eetlepels kappertjes
- $1/3$ kop witte wijn
- $1/3$ kopje groentebouillon, zelfgemaakt (zie Lichte groentebouillon) of uit de winkel
- 2 eetlepels vers citroensap
- 2 eetlepels veganistische margarine
- 2 eetlepels gehakte verse peterselie

Verwarm de oven voor op 275°F. Breng de seitan op smaak met peper en zout en haal door de bloem.

Verhit in een grote koekenpan 2 eetlepels olie op middelhoog vuur. Voeg de gebaggerde seitan toe en kook tot ze aan beide kanten lichtbruin zijn, ongeveer 10 minuten. Leg de seitan op een hittebestendig bord en houd warm in de oven.

Verhit in dezelfde koekenpan de resterende 1 eetlepel olie op middelhoog vuur. Voeg de sjalot en knoflook toe, kook 2 minuten en roer dan de kappertjes, wijn en bouillon erdoor. Laat een minuut of twee sudderen om iets te verminderen en voeg dan het citroensap, de margarine en de peterselie toe, roer tot de margarine in de saus is gemengd. Giet de saus over de gebruinde seitan en serveer direct.

81. Seitan met drie zaden

Maakt 4 porties

- ¼ kopje ongezouten gepelde zonnebloempitten
- ¼ kopje ongezouten gepelde pompoenpitten (pepitas)
- ¼ kopje sesamzaadjes
- ¾ kopje bloem voor alle doeleinden
- 1 theelepel gemalen koriander
- 1 theelepel gerookt paprikapoeder
- ½ theelepel zout
- ¼ theelepel versgemalen zwarte peper
- 1 pond seitan, zelfgemaakt of in de winkel gekocht, in hapklare stukjes gesneden
- 2 eetlepels olijfolie

Combineer de zonnebloempitten, pompoenpitten en sesamzaadjes in een keukenmachine en vermaal ze tot een poeder. Breng over naar een ondiepe kom, voeg de bloem, koriander, paprika, zout en peper toe en roer om te combineren.

Bevochtig de stukjes seitan met water en bagger ze in het zaadmengsel om ze volledig te bedekken.

Verhit de olie in een grote koekenpan op middelhoog vuur. Voeg de seitan toe en bak deze lichtbruin en krokant aan beide kanten. Serveer onmiddellijk.

82. Fajita's zonder Grenzen

Maakt 4 porties

- 1 eetlepel olijfolie
- 1 kleine rode ui, gesnipperd
- 10 ons seitan, zelfgemaakt of in de winkel gekocht, in reepjes van $1/2$ inch gesneden
- $1/4$ kopje hete of milde gehakte groene chilipepers uit blik
- Zout en versgemalen zwarte peper
- (10-inch) tortilla's van zachte bloem
- 2 kopjes tomatensalsa, zelfgemaakt (zie Verse Tomatensalsa) of uit de winkel

Verhit de olie in een grote koekenpan op middelhoog vuur. Voeg de ui toe, dek af en kook tot ze zacht zijn, ongeveer 7 minuten. Voeg de seitan toe en kook, onafgedekt, 5 minuten.

Voeg de zoete aardappelen, chilipepers, oregano en zout en peper naar smaak toe, roer om goed te mengen. Blijf koken tot het mengsel heet is en de smaken goed gecombineerd zijn, af en toe roeren, ongeveer 7 minuten.

Verwarm de tortilla's in een droge koekenpan. Leg elke tortilla in een ondiepe kom. Schep het mengsel van seitan en zoete aardappel in de tortilla's en bedek elk met ongeveer $1/3$ kopje van de salsa. Strooi elk kom met 1 eetlepel olijven, indien gebruikt. Serveer onmiddellijk, met eventueel overgebleven salsa ernaast.

83. Seitan met groene appelsaus

Maakt 4 porties

- 2 Granny Smith appels, grof gehakt
- $1/2$ kopje fijngehakte rode ui
- $1/2$ jalapeñopeper, zonder zaadjes en fijngehakt
- $1\ 1/2$ theelepels geraspte verse gember
- 2 eetlepels vers limoensap
- 2 theelepels agavenectar
- Zout en versgemalen zwarte peper
- 2 eetlepels olijfolie
- 1 pond seitan, zelfgemaakt of in de winkel gekocht, in plakjes van $1/2$ inch gesneden

Meng in een middelgrote kom de appels, ui, chili, gember, limoensap, agavenectar en zout en peper naar smaak. Opzij zetten.

Verhit de olie in een koekenpan op middelhoog vuur. Voeg de seitan toe en bak tot beide kanten bruin zijn, één keer draaien, ongeveer 4 minuten per kant. Breng op smaak met zout en peper. Voeg het appelsap toe en kook een minuutje tot het ingedikt is. Serveer direct met de appelrelish.

84. Seitan en Broccoli-Shiitake Roerbak

Maakt 4 porties

- 2 eetlepels canola- of druivenpitolie
- 10 ons seitan, zelfgemaakt of in de winkel gekocht, in plakjes van $1/4$ inch gesneden
- 3 teentjes knoflook, fijngehakt
- 2 theelepels geraspte verse gember
- groene uien, gehakt
- 1 middelgrote bos broccoli, in roosjes van 2,5 cm gesneden
- 3 eetlepels sojasaus
- 2 eetlepels droge sherry
- 1 theelepel geroosterde sesamolie
- 1 eetlepel geroosterde sesamzaadjes

Verhit in een grote koekenpan 1 eetlepel olie op middelhoog vuur. Voeg de seitan toe en kook, af en toe roerend, tot lichtbruin, ongeveer 3 minuten. Doe de seitan in een kom en zet opzij.

Verhit in dezelfde koekenpan de resterende 1 eetlepel olie op middelhoog vuur. Voeg de champignons toe en kook, onder regelmatig roeren, tot ze bruin zijn, ongeveer 3 minuten. Roer de knoflook, gember en groene uien erdoor en kook 30 seconden langer. Voeg het champignonmengsel toe aan de gekookte seitan en zet opzij.

Voeg de broccoli en het water toe aan dezelfde koekenpan. Dek af en kook tot de broccoli heldergroen begint te worden, ongeveer 3 minuten. Ontdek en kook, onder regelmatig roeren, tot de vloeistof verdampt en de broccoli knapperig is, ongeveer 3 minuten langer.

Doe het mengsel van seitan en champignons terug in de pan. Voeg de sojasaus en sherry toe en roerbak tot de seitan en groenten heet zijn, ongeveer 3 minuten. Besprenkel met de sesamolie en sesamzaadjes en serveer direct.

85. Brochettes van seitan met perziken

Maakt 4 porties

- $1/3$ kopje balsamicoazijn
- 2 eetlepels droge rode wijn
- 2 eetlepels lichtbruine suiker
- $1/4$ kopje gehakte verse basilicum
- $1/4$ kopje gehakte verse marjolein
- 2 eetlepels gehakte knoflook
- 2 eetlepels olijfolie
- 1 pond seitan, zelfgemaakt of in de winkel gekocht, in stukjes van 1 inch gesneden
- sjalotten, in de lengte gehalveerd en geblancheerd
- Zout en versgemalen zwarte peper
- 2 rijpe perziken, ontpit en in stukjes van 2,5 cm gesneden

Combineer de azijn, wijn en suiker in een kleine steelpan en breng aan de kook. Zet het vuur laag tot medium en laat al roerend ongeveer 15 minuten sudderen tot de helft is ingekookt. Haal van het vuur.

Meng in een grote kom de basilicum, marjolein, knoflook en olijfolie. Voeg de seitan, sjalotjes en perziken toe en schep om. Breng op smaak met peper en zout

Verwarm de gril voor. *Rijg de seitan, sjalotten en perziken aan de spiesen en bestrijk ze met het balsamicomengsel.

Leg de brochettes op de grill en bak tot de seitan en perziken gegrild zijn, ongeveer 3 minuten per kant. Bestrijk met het overgebleven balsamicomengsel en serveer direct.

*In plaats van te grillen, kun je deze brochettes ook onder de grill leggen. Rooster 4 tot 5 inch van het vuur tot het heet en lichtbruin is aan de randen, ongeveer 10 minuten, halverwege een keer draaien.

86. Gegrilde Seitan en Groente Kabobs

Maakt 4 porties

- $1/3$ kopje balsamicoazijn
- 2 eetlepels olijfolie
- 1 eetlepel gehakte verse oregano of 1 theelepel gedroogd
- 2 teentjes knoflook, gehakt
- $1/2$ theelepel zout
- $1/4$ theelepel versgemalen zwarte peper
- 1 pond seitan, zelfgemaakt of in de winkel gekocht, in blokjes van 1 inch gesneden
- 7 ons kleine witte champignons, licht afgespoeld en drooggedept
- 2 kleine courgettes, in stukjes van 1 cm gesneden
- 1 middelgrote gele paprika, in vierkanten van 1 inch gesneden
- rijpe cherrytomaatjes

Meng in een middelgrote kom de azijn, olie, oregano, tijm, knoflook, zout en zwarte peper. Voeg de seitan, champignons, courgette, paprika en tomaten toe en draai ze om. 30 minuten op kamertemperatuur marineren, af en toe keren. Giet de seitan en groenten af, bewaar de marinade.

Verwarm de gril voor. *Rijg de seitan, champignons en tomaten aan spiesjes.

Leg de spiesen op de hete grill en kook, draai de kabobs halverwege het grillen een keer om, in totaal ongeveer 10 minuten. Besprenkel met een kleine hoeveelheid van de bewaarde marinade en dien onmiddellijk op.

*In plaats van te grillen, kun je deze spiesen ook onder de grill leggen. Rooster 4 tot 5 inch van het vuur tot het heet en lichtbruin is rond de randen, ongeveer 10 minuten, draai een keer halverwege het roosteren.

87. Seitan En Croute

Maakt 4 porties

- 1 eetlepel olijfolie
- 2 middelgrote sjalotjes, fijngehakt
- ons witte champignons, fijngehakt
- $1/4$ kopje Madeira
- 1 eetlepel gehakte verse peterselie
- $1/2$ theelepel gedroogde tijm
- $1/2$ theelepel gedroogd hartig
- 2 kopjes fijngehakte droge broodblokjes
- Zout en versgemalen zwarte peper
- 1 diepvriesbladerdeegblad, ontdooid
- ($1/4$ inch dikke) plakjes seitan ongeveer 3 x 4 inch ovalen of rechthoeken, drooggedept

Verhit de olie in een grote koekenpan op middelhoog vuur. Voeg de sjalotten toe en kook tot ze zacht zijn, ongeveer 3 minuten. Voeg de champignons toe en kook, af en toe roerend, tot de champignons zacht zijn, ongeveer 5 minuten. Voeg de Madiera, peterselie, tijm en bonenkruid toe en kook tot het vocht bijna verdampt is. Roer de broodblokjes erdoor en breng op smaak met zout en peper. Zet opzij om af te koelen.

Leg het bladerdeegvel op een groot stuk plasticfolie op een plat werkoppervlak. Bedek met een ander stuk plasticfolie en gebruik een deegroller om het deeg iets uit te rollen om het glad te maken. Snijd het deeg in vieren. Leg 1 plakje seitan in het midden van elk stuk bladerdeeg. Verdeel de vulling erover en spreid het uit om de seitan te bedekken. Bedek elk met de resterende plakjes seitan. Vouw het deeg op om de vulling te omsluiten en plooi de randen met je vingers om ze af te dichten. Leg de deegpakketjes met de naad naar beneden op een grote, niet ingevette bakplaat en zet ze 30 minuten in de koelkast. Verwarm de oven voor op 400°F. Bak tot de korst goudbruin is, ongeveer 20 minuten. Serveer onmiddellijk.

88. Seitan en aardappeltorta

Maakt 6 porties

- 2 eetlepels olijfolie
- 1 middelgrote gele ui, gehakt
- 4 kopjes gehakte verse babyspinazie of snijbiet
- 8 ons seitan, zelfgemaakt of in de winkel gekocht, fijngehakt
- 1 theelepel gehakte verse marjolein
- $1/2$ theelepel gemalen venkelzaad
- $1/4$ tot $1/2$ theelepel geplette rode peper
- Zout en versgemalen zwarte peper
- 2 pond Yukon Gold-aardappelen, geschild en in plakjes van $1/4$ inch gesneden
- $1/2$ kopje veganistische Parmezaanse kaas of Parmasio

Verwarm de oven voor op 400°F. Vet een braadpan van 3 liter of een bakvorm van 9 x 13 inch licht in en zet apart.

Verhit in een grote koekenpan 1 eetlepel olie op middelhoog vuur. Voeg de ui toe, dek af en kook tot ze zacht zijn, ongeveer 7 minuten. Voeg de spinazie toe en kook, zonder deksel, tot het geslonken is, ongeveer 3 minuten. Roer de seitan, marjolein, venkelzaad en geplette rode peper erdoor en kook tot alles goed gemengd is. Breng op smaak met zout en peper. Opzij zetten.

Verdeel de plakjes tomaat over de bodem van de voorbereide pan. Bedek met een laag licht overlappende aardappelschijfjes. Bestrijk de aardappellaag met wat van de resterende 1 eetlepel olie en breng op smaak met zout en peper. Verdeel ongeveer de helft van het mengsel van seitan en spinazie over de aardappelen. Bedek met nog een laag aardappelen, gevolgd door het resterende mengsel van seitan en spinazie. Bedek met een laatste laag aardappelen, besprenkel met de resterende olie en zout en peper naar smaak. Bestrooi met de Parmezaanse kaas. Dek af en bak tot de aardappelen gaar zijn, 45 minuten tot 1 uur. Ontdek en blijf bakken om de bovenkant bruin te maken, 10 tot 15 minuten. Serveer onmiddellijk.

89. Rustieke Cottage Pie

Maakt 4 tot 6 porties

- Yukon Gold-aardappelen, geschild en in blokjes van 2,5 cm gesneden
- 2 eetlepels veganistische margarine
- $1/4$ kopje gewone ongezoete sojamelk
- Zout en versgemalen zwarte peper
- 1 eetlepel olijfolie
- 1 middelgrote gele ui, fijngehakt
- 1 middelgrote wortel, fijngehakt
- 1 selderijrib, fijngehakt
- ons seitan, zelfgemaakt of uit de winkel, fijngehakt
- 1 kopje bevroren erwten
- 1 kopje bevroren maïskorrels
- 1 theelepel gedroogd hartig
- $1/2$ theelepel gedroogde tijm

Kook de aardappelen in een pan met kokend gezouten water gaar, in 15 tot 20 minuten. Laat goed uitlekken en doe terug in de pot. Voeg de margarine, sojamelk en zout en peper naar smaak toe. Pureer met een pureestamper grof en zet apart. Verwarm de oven voor op 350 ° F.

Verhit de olie in een grote koekenpan op middelhoog vuur. Voeg de ui, wortel en bleekselderij toe. Dek af en kook tot ze zacht zijn, ongeveer 10 minuten. Breng de groenten over in een bakvorm van 9 x 13 inch. Roer de seitan, champignonsaus, erwten, maïs, bonenkruid en tijm erdoor. Breng op smaak met zout en peper en verdeel het mengsel gelijkmatig over de bakvorm.

Bedek met de aardappelpuree, verspreid naar de randen van de bakvorm. Bak tot de aardappelen bruin zijn en de vulling bubbelt, ongeveer 45 minuten. Serveer onmiddellijk.

90. Seitan met spinazie en tomaten

Maakt 4 porties

- 2 eetlepels olijfolie
- 1 pond seitan, zelfgemaakt of in de winkel gekocht, in reepjes van $1/4$ inch gesneden
- Zout en versgemalen zwarte peper
- 3 teentjes knoflook, fijngehakt
- 4 kopjes verse babyspinazie
- in olie verpakte zongedroogde tomaten, in reepjes van $1/4$ inch gesneden
- $1/2$ kop ontpitte Kalamata-olijven, gehalveerd
- 1 eetlepel kappertjes
- $1/4$ theelepel geplette rode peper

Verhit de olie in een grote koekenpan op middelhoog vuur. Voeg de seitan toe, breng op smaak met zout en zwarte peper en bak tot ze bruin zijn, ongeveer 5 minuten per kant.

Voeg de knoflook toe en bak 1 minuut om zacht te worden. Voeg de spinazie toe en kook tot deze geslonken is, ongeveer 3 minuten. Roer de tomaten, olijven, kappertjes en geplette rode peper erdoor. Breng op smaak met zout en zwarte peper. Kook, al roerend, tot de smaken zijn gemengd, ongeveer 5 minuten

Serveer onmiddellijk.

91. Seitan en Gegratineerde Aardappelen

Maakt 4 porties

- 2 eetlepels olijfolie
- 1 kleine gele ui, fijngehakt
- $1/4$ kop fijngehakte groene paprika
- grote Yukon Gold-aardappelen, geschild en in plakjes van $1/4$ inch gesneden
- $1/2$ theelepel zout
- $1/4$ theelepel versgemalen zwarte peper
- 10 ons seitan, zelfgemaakt of in de winkel gekocht, gehakt
- $1/2$ kopje gewone ongezoete sojamelk
- 1 eetlepel veganistische margarine
- 2 eetlepels fijngehakte verse peterselie, als garnering

Verwarm de oven voor op 350 ° F. Vet een 10-inch vierkante bakvorm licht in en zet opzij.

Verhit de olie in een koekenpan op middelhoog vuur. Voeg de ui en paprika toe en kook tot ze zacht zijn, ongeveer 7 minuten. Opzij zetten.

Leg de helft van de aardappelen in de voorbereide bakvorm en bestrooi met zout en zwarte peper naar smaak. Strooi het uien-paprikamengsel en de gehakte seitan over de aardappelen. Leg de resterende aardappelschijfjes erop en breng op smaak met zout en zwarte peper.

Meng in een middelgrote kom de bruine saus en sojamelk tot ze goed gemengd zijn. Giet over de aardappelen. Stip de bovenste laag met margarine en dek goed af met folie. Bak gedurende 1 uur. Verwijder de folie en bak nog eens 20 minuten of tot de bovenkant goudbruin is. Serveer direct bestrooid met de peterselie.

92. Koreaanse noedel roerbak

Maakt 4 porties

- 8 ons dang myun of bonendraadnoedels
- 2 eetlepels geroosterde sesamolie
- 1 eetlepel suiker
- $1/4$ theelepel zout
- $1/4$ theelepel gemalen cayennepeper
- 2 eetlepels canola- of druivenpitolie
- 8 ons seitan, zelfgemaakt of in de winkel gekocht, in reepjes van $1/4$ inch gesneden
- 1 middelgrote ui, in de lengte gehalveerd en in dunne plakjes gesneden
- 1 middelgrote wortel, in dunne lucifers gesneden
- 6 ons verse shiitake-paddenstoelen, gesteeld en in dunne plakjes gesneden
- 3 kopjes fijngesneden paksoi of andere Aziatische kool
- 3 groene uien, gehakt
- 3 teentjes knoflook, fijngehakt
- 1 kopje taugé
- 2 eetlepels sesamzaadjes, voor garnering

Week de noedels 15 minuten in heet water. Giet af en spoel af onder koud water. Opzij zetten.

Meng in een kleine kom de sojasaus, sesamolie, suiker, zout en cayennepeper en zet apart.

Verhit in een grote koekenpan 1 eetlepel olie op middelhoog vuur. Voeg de seitan toe en roerbak tot deze bruin is, ongeveer 2 minuten. Haal uit de pan en zet opzij.

Voeg de resterende 1 eetlepel koolzaadolie toe aan dezelfde koekenpan en verwarm op middelhoog vuur. Voeg de ui en wortel toe en roerbak tot ze zacht zijn, ongeveer 3 minuten. Voeg de champignons, paksoi, groene uien en knoflook toe en roerbak tot ze zacht zijn, ongeveer 3 minuten.

Voeg de taugé toe en roerbak 30 seconden, voeg dan de gekookte noedels, de gebruinde seitan en het sojasausmengsel toe en roer om te coaten. Blijf koken, af en toe roerend, tot de ingrediënten heet zijn en goed gecombineerd, 3 tot 5 minuten. Breng over naar een grote serveerschaal, bestrooi met sesamzaadjes en serveer onmiddellijk.

93. Jerk-gekruide rode bonen chili

Maakt 4 porties

- 1 eetlepel olijfolie
- 1 middelgrote ui, gehakt
- 10 ons seitan, zelfgemaakt of in de winkel gekocht, gehakt
- 3 kopjes gekookt of 2 (15,5-ounce) blikken donkerrode bruine bonen, uitgelekt en gespoeld
- (14,5-ounce) kan geplette tomaten
- (14,5-ounce) kan in blokjes gesneden tomaten, uitgelekt
- (4-ounce) kan milde of hete groene chilipepers fijngehakt, uitgelekt
- $1/2$ kopje barbecuesaus, zelfgemaakt of uit de winkel
- 1 kopje water
- 1 eetlepel sojasaus
- 1 eetlepel chilipoeder
- 1 theelepel gemalen komijn
- 1 theelepel gemalen piment
- 1 theelepel suiker
- $1/2$ theelepel gemalen oregano
- $1/4$ theelepel gemalen cayennepeper
- $1/2$ theelepel zout
- $1/4$ theelepel versgemalen zwarte peper

Verhit de olie in een grote pan op middelhoog vuur. Voeg de ui en seitan toe. Dek af en kook, tot de ui zacht is, ongeveer 10 minuten.

Roer de kidneybonen, geplette tomaten, tomatenblokjes en chilipepers erdoor. Roer de barbecuesaus, water, sojasaus, chilipoeder, komijn, piment, suiker, oregano, cayennepeper, zout en zwarte peper erdoor.

Breng aan de kook, zet het vuur laag tot medium en laat sudderen, afgedekt, tot de groenten gaar zijn, ongeveer 45 minuten. Dek af en laat ongeveer 10 minuten langer sudderen. Serveer onmiddellijk.

94. Autumn Medley-stoofpot

Maakt 4 tot 6 porties

- 2 eetlepels olijfolie
- 10 ons seitan, zelfgemaakt of in de winkel gekocht, in blokjes van 1 inch gesneden
- Zout en versgemalen zwarte peper
- 1 grote gele ui, gesnipperd
- 2 teentjes knoflook, gehakt
- 1 grote roodbruine aardappel, geschild en in blokjes van $1/2$ inch gesneden
- 1 middelgrote pastinaak, in blokjes van $1/4$ inch gesneden
- 1 kleine flespompoen, geschild, gehalveerd, ontpit en in blokjes van $1/2$ inch gesneden
- 1 kleine kop savooiekool, fijngesneden
- 1 (14,5-ounce) blik tomatenblokjes, uitgelekt
- $1\,1/2$ kopjes gekookt of 1 blikje kikkererwten, uitgelekt en afgespoeld
- 2 kopjes groentebouillon, zelfgemaakt (zie Lichte groentebouillon) of uit de winkel, of water
- $1/2$ theelepel gedroogde marjolein
- $1/2$ theelepel gedroogde tijm
- $1/2$ kopje verkruimelde engelenhaarpasta

Verhit in een grote koekenpan 1 eetlepel olie op middelhoog vuur. Voeg de seitan toe en bak tot deze aan alle kanten bruin is, ongeveer 5 minuten. Breng op smaak met peper en zout en zet apart.

Verhit in een grote pan de resterende 1 eetlepel olie op middelhoog vuur. Voeg de ui en knoflook toe. Dek af en kook tot ze zacht zijn, ongeveer 5 minuten. Voeg de aardappel, wortel, pastinaak en pompoen toe. Dek af en kook tot ze zacht zijn, ongeveer 10 minuten.

Roer de kool, tomaten, kikkererwten, bouillon, wijn, marjolein, tijm en peper en zout naar smaak erdoor. Breng aan de kook en zet het vuur laag. Dek af en kook, af en toe roerend, tot de groenten gaar zijn, ongeveer 45 minuten. Voeg de gekookte seitan en de pasta toe en laat sudderen tot de pasta zacht is en de smaken zijn gemengd, ongeveer 10 minuten langer. Serveer onmiddellijk.

95. Italiaanse rijst met seitan

Maakt 4 porties

- 2 kopjes water
- 1 kopje langkorrelige bruine of witte rijst
- 2 eetlepels olijfolie
- 1 middelgrote gele ui, gehakt
- 2 teentjes knoflook, gehakt
- 10 ons seitan, zelfgemaakt of in de winkel gekocht, gehakt
- 4 ons witte champignons, gehakt
- 1 theelepel gedroogde basilicum
- $1/2$ theelepel gemalen venkelzaad
- $1/4$ theelepel geplette rode peper
- Zout en versgemalen zwarte peper

Breng het water in een grote pan op hoog vuur aan de kook. Voeg de rijst toe, zet het vuur laag, dek af en kook tot het gaar is, ongeveer 30 minuten.

Verhit de olie in een grote koekenpan op middelhoog vuur. Voeg de ui toe, dek af en kook tot ze zacht zijn, ongeveer 5 minuten. Voeg de seitan toe en bak onafgedekt bruin. Roer de champignons erdoor en kook tot ze zacht zijn, ongeveer 5 minuten langer. Roer de basilicum, venkel, geplette rode peper en zout en zwarte peper naar smaak erdoor.

Doe de gekookte rijst in een grote serveerschaal. Roer het seitanmengsel erdoor en meng goed. Voeg een flinke hoeveelheid zwarte peper toe en serveer direct.

96. Hasj met twee aardappelen

Maakt 4 porties

- 2 eetlepels olijfolie
- 1 middelgrote rode ui, gesnipperd
- 1 middelgrote rode of gele paprika, fijngehakt
- 1 gekookte medium roodbruine aardappel, geschild en in blokjes van ½ inch gesneden
- 1 gekookte middelgrote zoete aardappel, geschild en in blokjes van ½ inch gesneden
- 2 kopjes gehakte seitan, zelfgemaakt
- Zout en versgemalen zwarte peper

Verhit de olie in een grote koekenpan op middelhoog vuur. Voeg de ui en paprika toe. Dek af en kook tot ze zacht zijn, ongeveer 7 minuten.

Voeg de witte aardappel, zoete aardappel en seitan toe en breng op smaak met zout en peper. Kook, onafgedekt, tot ze lichtbruin zijn, onder regelmatig roeren, ongeveer 10 minuten. Heet opdienen.

97. Enchiladas van Seitan met zure room

GESERVEERD 8
INGREDIËNTEN

seitan
- 1 kopje vitaal tarweglutenmeel
- 1/4 kopje kikkererwtenmeel
- 1/4 kopje voedingsgist
- 1 theelepel uienpoeder
- 1/2 theelepel knoflookpoeder
- 1 1/2 theelepel groentebouillonpoeder
- 1/2 kopje water
- 2 eetlepels vers geperst citroensap
- 2 eetlepels sojasaus
- 2 kopjes groentebouillon

Zure Roomsaus
- 2 eetlepels veganistische margarine
- 2 eetlepels meel
- 1 1/2 kopjes groentebouillon
- 2 (8 oz) dozen veganistische zure room
- 1 kop salsa verde (tomatensalsa)
- 1/2 theelepel zout
- 1/2 theelepel gemalen witte peper
- 1/4 kopje gehakte koriander

Enchilada's
- 2 eetlepels olijfolie
- 1/2 middelgrote ui, in blokjes gesneden
- 2 teentjes knoflook, fijngehakt
- 2 serrano pepers, fijngehakt (zie tip)
- 1/4 kopje tomatenpuree

- 1/4 kopje water
- 1 eetlepel komijn
- 2 eetlepels chilipoeder
- 1 theelepel zout
- 15-20 maïstortilla's
- 1 (8 oz) pakket Daiya Cheddar Style Shreds
- 1/2 kopje gehakte koriander

METHODE
- a) Bereid de seitan voor. Verwarm de oven voor op 325 graden Fahrenheit. Vet een braadpan met deksel licht in met antiaanbakspray. Combineer meel, edelgistvlokken, kruiden en groentebouillonpoeder in een grote kom. Meng het water, citroensap en sojasaus in een kleine kom. Voeg de natte ingrediënten toe aan de droge ingrediënten en roer tot er een deeg ontstaat. Pas de hoeveelheid water of gluten naar behoefte aan (zie tip). Kneed het deeg 5 minuten en vorm er dan een brood van. Plaats de seitan in de braadpan en bedek met 2 kopjes groentebouillon. Dek af en kook gedurende 40 minuten. Draai het brood om, dek af en bak nog eens 40 minuten. Haal de seitan uit de schaal en laat hem rusten tot hij koel genoeg is om vast te pakken.
- b) Steek een vork in de bovenkant van het seitanbrood en houd het met één hand op zijn plaats. Gebruik een tweede vork om het brood in kleine stukjes en kruimels te scheuren.
- c) Bereid de zure roomsaus. Smelt de margarine in een grote pan op middelhoog vuur. Roer de bloem erdoor met een draadgarde en kook gedurende 1 minuut. Giet langzaam de groentebouillon erbij terwijl je constant blijft kloppen tot een gladde massa. Kook gedurende 5 minuten, blijf kloppen, tot de saus is ingedikt. Klop de zure room en salsa verde erdoor en roer dan de overige

sausingrediënten erdoor. Laat niet koken, maar kook tot het goed is doorgekookt. Haal van het vuur en zet opzij.

d) Bereid de enchilada's voor. Verhit olijfolie in een grote pan op middelhoog vuur. Voeg ui toe en kook 5 minuten of tot ze glazig zijn. Voeg knoflook en Serrano-pepers toe en kook nog 1 minuut. Roer de geraspte seitan, tomatenpuree, komijn, chilipoeder en zout erdoor. Laat 2 minuten koken en haal dan van het vuur.

e) Verwarm de oven voor op 350 graden Fahrenheit. Warm de tortilla's op in een koekenpan of in de magnetron en dek af met een theedoek. Verspreid 1 kopje zure roomsaus over de bodem van een ovenschaal van 5 liter. Plaats een kleine 1/4 kop van het geraspte seitanmengsel en 1 eetlepel Daiya op een tortilla. Rol op en leg met de naad naar beneden in de ovenschaal. Herhaal met de resterende tortilla's. Bestrijk de enchilada's met de resterende zure roomsaus en besprenkel met Daiya.

f) Bak enchiladas gedurende 25 minuten of tot ze borrelen en lichtbruin zijn. 10 minuten lichtjes afkoelen. Bestrooi met 1/2 kop gehakte koriander en serveer.

98. Veganistisch gevuld seitangebraad

Ingrediënten

Voor de seitan:
- 4 grote teentjes knoflook
- 350 ml groentebouillon koud
- 2 el zonnebloemolie
- 1 tl Marmite optioneel
- 280 g vitale tarwegluten
- 3 eetlepels edelgistvlokken
- 2 tl zoete paprika
- 2 tl groentebouillonpoeder
- 1 tl verse rozemarijnnaalden
- ½ tl zwarte peper

Plus:
- 500 g veganistische vulling van rode kool en paddenstoelen
- 300 g Pittige Pompoenpuree
- Metrisch – in de VS gebruikelijk

Instructies

a) Verwarm je oven voor op 180°C (350°F/gasstand 4).
b) Meng in een grote mengkom de vitale tarwegluten, voedingsgist, bouillonpoeder, paprika, rozemarijn en zwarte peper.
c) Pureer de knoflook, bouillon, olie en Marmite met behulp van een blender (aanrechtblad of onderdompeling) en voeg deze toe aan de droge ingrediënten.
d) Meng goed tot alles is opgenomen en kneed dan vijf minuten. (notitie 1)
e) Rol de seitan op een groot stuk siliconen bakpapier uit tot een vage rechthoekige vorm, tot hij ongeveer 1,5 cm dik is.

f) Smeer rijkelijk met de pompoenpuree en voeg dan een laag kool- en champignonvulling toe.
g) Gebruik het bakpapier en begin bij een van de korte uiteinden om de seitan voorzichtig op te rollen in de vorm van een blok. Probeer de seitan niet uit te rekken terwijl je dit doet. Druk de uiteinden van de seitan tegen elkaar om te verzegelen.

h) Wikkel het blok stevig in aluminiumfolie. Als je folie dun is, gebruik dan twee of drie lagen.
i) (Ik wikkel de mijne in als een gigantische toffee - en draai de uiteinden van de folie strak om te voorkomen dat het ongedaan wordt gemaakt!)
j) Plaats de seitan rechtstreeks op een rooster in het midden van de oven en bak gedurende twee uur, waarbij u hem om de 30 minuten omdraait, om een gelijkmatige bereiding en bruining te garanderen.
k) Laat het gevulde seitangebraad, als het gaar is, 20 minuten rusten in de verpakking voordat u het aansnijdt.
l) Serveer met traditionele geroosterde groenten, kant-en-klare champignonjus en andere garnituren die je lekker vindt.

100. Cubaanse seitansandwich

Ingrediënten

- Mojo geroosterde seitan:
- 3/4 kop vers sinaasappelsap
- 3 eetlepels vers limoensap
- 3 eetlepels olijfolie
- 4 teentjes knoflook, fijngehakt
- 1 theelepel gedroogde oregano
- 1/2 theelepel gemalen komijn
- 1/2 theelepel zout
- 1/2 pond seitan, gesneden in plakjes van 1/4 inch dik

Voor montage:

- 4 (6- tot 8-inch lange) veganistische submarine sandwichbroodjes, of 1 zacht veganistisch Italiaans brood, in de breedte in 4 stukken gesneden
- Veganistische boter, op kamertemperatuur, of olijfolie
- Gele mosterd
- 1 kopje brood-en-boter augurk plakjes 8 plakjes in de winkel gekochte veganistische ham
- 8 plakjes mild smakende veganistische kaas (bij voorkeur Amerikaanse of gele kaassmaak)

Routebeschrijving

a) Bereid de seitan voor: Verwarm de oven voor op 375°F. Klop alle mojo-ingrediënten behalve de seitan door elkaar in een keramische of glazen 7 x 11-inch bakvorm. Voeg de seitanreepjes toe en hussel om met de marinade. Rooster 10 minuten, draai de plakjes dan een keer om, tot de randen lichtbruin zijn en er nog een sappige marinade overblijft (niet te lang bakken!). Haal uit de oven en zet opzij om af te koelen.

b) Stel de sandwiches samen: Snijd elk broodje of stuk brood horizontaal doormidden en besmeer beide helften royaal met de boter of bestrijk ze met olijfolie. Smeer op de onderste helft van elk broodje een dikke laag mosterd, een paar plakjes augurk, twee plakjes ham en een vierde van de seitanplakken en bedek met twee plakjes kaas.

c) Dep een beetje van de resterende marinade op de snijkant van de andere helft van de rol en leg deze bovenop de onderste helft van de sandwich. Bestrijk de buitenkant van de sandwich met wat meer olijfolie of besmeer met de boter.

d) Verwarm een gietijzeren pan van 10 tot 12 inch voor op middelhoog vuur. Leg voorzichtig twee sandwiches in de pan en bedek ze met iets zwaars en hittebestendig, zoals een andere gietijzeren pan of een baksteen bedekt met meerdere lagen aluminiumfolie voor zwaar gebruik. Grill de tosti 3 tot 4 minuten, let goed op dat het brood niet aanbrandt; zet indien nodig het vuur iets lager terwijl de sandwich kookt.

e) Als het brood er geroosterd uitziet, verwijder je de pan/steen en gebruik je een brede spatel om elk broodje voorzichtig om te draaien. Druk opnieuw met het gewicht en kook nog ongeveer 3 minuten, tot de kaas heet en melig is.

f) Verwijder het gewicht, leg elke sandwich op een snijplank en snijd diagonaal door met een gekarteld mes. Serveer ho

CONCLUSIE

Aan het einde van onze reis door "Plantaardig Eiwit Gehemelte: Tempeh and Seitan Cookbook", hopen we dat je genoten hebt van het ontdekken van de culinaire wonderen van tempeh en seitan. Deze krachtpatsers op basis van plantaardige eiwitten hebben ons laten zien dat het eten van gezonde, voedzame maaltijden niet betekent dat je smaak of variatie moet opofferen.

Tempeh en seitan bieden een fantastisch alternatief voor dierlijke eiwitten, en door hun veelzijdigheid kun je experimenteren met verschillende keukens, smaken en kooktechnieken. Of je nu een plantaardige liefhebber bent of iemand die nieuwsgierig is naar het verwerken van duurzamere ingrediënten in je maaltijden, dit kookboek biedt je een breed scala aan recepten om van te genieten en te delen met dierbaren.

We moedigen je aan om de wereld van plantaardig koken te blijven ontdekken, nieuwe manieren te ontdekken om tempeh en seitan in je favoriete gerechten te verwerken en je eigen culinaire meesterwerken te creëren. Het mooie van plantaardig koken ligt in het vermogen om zowel je lichaam als de planeet te voeden, waardoor het een win-winsituatie is voor je gezondheid en het milieu.

Vergeet niet dat elke maaltijd een kans is om een positieve invloed te hebben op uw welzijn en de wereld om u heen. Door te kiezen voor plantaardige opties zoals tempeh en seitan, draag je bij aan een duurzamer en medelevender voedselsysteem terwijl je je overgeeft aan heerlijke, gezonde creaties.

Dus, hier is het omarmen van de smaken van tempeh en seitan, het naar een hoger niveau tillen van je maaltijden met plantaardige lekkernijen en het vieren van het plezier van bewust koken. Moge uw keuken een plaats van culinaire verkenning blijven, waar de liefde voor voedzaam voedsel en de planeet in harmonie samenkomen.

Eet smakelijk en gelukkig koken met plantaardige eiwitten!

www.ingramcontent.com/pod-product-compliance
Lightning Source LLC
LaVergne TN
LVHW021655060526
838200LV00050B/2363